台湾チェロIT

岡田昌之

はじめに

人の記憶《きおく》は当てにならないというが、その当てにならない記憶だけでこの本を書くことにした。しかし書いていくうちに、記憶はまるで生きもののように踊《おど》りだして、次から次と脳から飛び出してくるのが感じられた。記録によらず、記憶に頼《たよ》って話をした方が本当のことを語ることができるのではないかとも思った。多少の間違《まちが》い、勘違《かんちが》いがあるかもしれないが、それを恐《おそ》れていたのでは何も語ることはできない。

少年時代の出来事を話していると、時間の経《た》つのを忘れてしまい、相手の迷惑も顧《かえり》みず捲《まく》し立てている自分に気が付くこともあった。たぶんこれは、私だけのことではないと思う。だれでも、腕白《わんぱく》時代のことを思い出して話をすれば、あっという間に一時間や二時間は過《す》ぎてしまうものだ。それくらい、少年時代は輝いていた。子供たちの約束事や、暗黙《あんもく》のルールはなんと愛情に満《み》ち溢《あふ》れていたことか。

私は男だから少年時代であるが、もし女の子だったら少女時代ということになり、その頃は実に多情多感《たじょうたかん》で、正義感が強く、義侠心《ぎきょうしん》を持ち合わせていたことに気付くのである。だから、出来事をそのまま描写《びょうしゃ》すると、「あり得ない」ということも多く、気恥ずかしいところもあるが目を瞑《つむ》って書きなぐった。少年少女の間柄《あいだがら》については述べるだけの自信がなかったので態《わざ》と飛ばしてしまったが、機会があれば別のときに話してみたい。

どこの家でも、家族の愛情は子供たちをすっぽり包んでくれた。私の家庭では厳しい躾《しつけ》とか、勉学に励《はげ》めとか、そういう縛《しば》りはまったくなくて、放任《ほうにん》といった方が正しかったのだが、私はそれを逆手《さかて》にとって荒唐無稽《こうとうむけい》な遊びや徒党《ととう》を組むことはしなかった。それは、知らぬ間に家族の愛情というものを体が吸《す》い取っていたからだと思う。私はそこのところを伝えたくて少年時代の出来事を話しておこうと考えた。

台湾という風土《ふうど》が、私の人格を作り上げたことも話しておきたかった。台湾の自然はなかなか一言では言い表わせないほど快適であり、人情もコミュニティも私は気に入っていた。いまの日本が、このすばらしい台湾と、ビジネスにしても文化交流にしてもなぜもっと味の濃《こ》い付き合いができないのか残念で仕方がないのだが、だれか私の替《か》わりにこの思いを形にしてくれる人はいないものか。

私が大学を卒業したのは昭和35年（1960）3月であるから、だれからも「60年安保《あんぽ》で大変《たいへん》でしたね」と聞かれるのだが、私は逆に「学生のだれもが政治運動していたわけではありません」と言いたい。ほとんどの学生は、当たり前に経済学の本を抱《かか》え、六法全書《ろっぽうぜんしょ》をカバンに入れ、音楽を聴《き》き、ガールフレンドを誘《さそ》ってスキー場に行き、3本立ての映画館で半日過ごし、そういう日々を送っていた。

たまたま、私はクラシック音楽に目覚《めざ》め、ピエール・フルニエのチェロを聴《き》いてのめり込み、ついに自《みずか》らチェロを弾《ひ》き始めることにした。私はこの本の中で、学生が学生らしく学び文化を楽しみ、外国の諸事《しょじ》を見聞《みき》きすることがいかに重要かを述べようとした。闘《とう》争《そう》、革命《かくめい》などという言葉が華々《はなばな》しく新聞紙面を飾《かざ》る中で、私のようなごく当《あ》たり前《まえ》の学生は、ノンポリといわれ馬鹿《ばか》にされた。本当にそうなのだろうか。

学生が卒業を目の前にして、言われなくても会社訪問《ほうもん》をし、コネを探し、ゼミの先生に推薦状《すいせんじょう》を書いてもらうというのもこのころの普通《ふつう》の学生だった。しかも、だれの家でも、いい会社に勤《つと》めてほしいと願い、就職が決まれば、それこそ赤飯を炊《た》いてお祝いしてくれたのである。私も、就職試験の発表の日に、心配で真っすぐ家に帰れず、帰ってみたら玄関に日の丸が掲《かか》げられ、家族が祝ってくれたことを思い出した。

こんな当たり前の学生の話は、本当に面白《おもしろ》くないのだろうか。学生はみんな、全学連《ぜんがくれん》に入ってデモに参加し、ときに警官と衝突《しょうとつ》して頭から血を流し、歌声喫茶《うたごえきっさ》で反戦歌《はんせんか》を合唱《がっしょう》するものと思っているのだろうか。私は、バスケットをやりチェロを弾《ひ》き、経済学を学んで三菱商事に入社した。こんな学生は価値がないのだろうか。国のために働くんだという決意を「くだらない」と一笑《いっしょう》に付《ふ》すことができるだろうか。

チェロに取り憑《つ》かれて……、といった方が正しいと思うのだが、私はチェロの音色《ねいろ》と力強さに惹《ひ》かれて、結局、一生をチェロと共《とも》に歩むことになった。そして、これほど悔《く》いのない生き方はなかったと思っている。若い人たちに、「なにか一つ自分の拠《よ》り所《どころ》となるものを探しなさい」と言いたくてこの本を書いたといってもいいだろう。年を取るとお説教の一つもしたくなるものだが、それでいいと思っている。

「商事会社に入って国のために働くのだ」という初志《しょし》は貫徹《かんてつ》できなかったが、三菱商事の精神は私の心の中で脈々《みゃくみゃく》と生きていた。だから、松尾三郎《まつおさぶろう》という人間の下《もと》で仕事をしながらも、三菱商事の企業理念「三綱領《こうりょう》」を思い出していた。そして、松尾という人がだれ揮《はばか》ることのない諸事光明《しょじこうみょう》なる人だと感じたからこそ、日本電子開発（NED、後にキーウエアソリューション）の後輪《こうりん》として役目を果《は》たすことができたと思う。

この本の中で、私は「獅子身中《しししんちゅう》の虫」について書いた。私の会社で、背任《はいにん》事件が起きたこと、それを知ったときの怒《いか》りと悔《くや》しさ、それはそれは筆舌《ひつぜつ》に尽《つ》くしがたいほどのものであったが、訴訟《そしょう》に踏《ふ》み切ろうとしたとき、松尾が「管理不行《かんりふゆ》き届《とど》きである、お前にも一端《いったん》の責任がある。部下が路頭《ろとう》に迷う」といって押し止《とど》めたのを思い出す。以来私は、「恨《うら》むこと、憎むことでは解決しない」と肝《きも》に銘《めい》じた。

労働組合とのやり取りも、私にとって忘れられない事の一つである。ある日突然、松尾社長の許《もと》に一通の書面が届いた。日本電子開発労働組合が結成《けっせい》されたこと、団体交渉《だんたいこうしょう》を要求する旨《むね》の文書であった。松尾は役員を召集《しょうしゅう》し、対策を練《ね》ったが、私は接待ゴルフ中だったので、遅れて出席した。このときの松尾の形相《ぎょうそう》は、私の心に焼き付いている。社員と経営者との関係はどうあるべきか、会社経営の大きな課題であろう。

松尾の優しさは、岳父《がくふ》であったために分からなかったところでもある。しかし、亡くなってからそのやり方を思い出すと、常に厳《きび》しさと優しさが見え隠れする。そして、会社というものを経営するにあたっては、人に優しくなければダメだということと、自立自尊《じりつじそん》でなければいけないということを教えられた。心の優《やさ》しい人には、決まった方程式があると思ったので、この本を通じて人に問いたいと思った。

「台湾」のところで、家族のことは細かく話ができたと思っている。後半になって、亡き妻・裕子《ゆうこ》のことになると言葉が詰《つ》まって話が進まないところがあったが、数多い文言《もんごん》が必ずしも夫婦愛を語るに相応《ふさわ》しいものではないと自分に言聞かせた。しかし、彼女の絵については分からないながらも、感ずるところを多く述べるべきだったと思っている。別に機会があれば文字にしたいところだ。

最後に、藍綬褒章《らんじゅほうしょう》授章《じゅしょう》のことを書いたが、このときほど妻が先立ったことを悲しく悔《くや》しいと思ったことはない。授章式はホテルニューオータニで執《と》り行われ、長女が妻の替《か》わりに同伴《どうはん》してくれたが、バスに乗って皇居《こうきょ》に向かおうとしたとき「娘さんは皇居に入れません」と言い渡された。なんと無情《むじょう》なことか。娘は妻の分身《ぶんしん》である。それを思えば、揃《そろ》って陛下《へいか》のお言葉を聞かせてやりたいと思う私の気持ちが分かるであろう。夫婦愛というものはそういうものだということが言いたかった。

台湾チェロIT❖目次

第2章　チェロ　117

第3章　IT　189

第1章

台湾

台湾に渡る

岡田昌之の父・静雄は明治38年（1905年）、群馬県高崎市《ぐんまけんたかさきし》に生まれた。米屋の次男として生を受けた静雄は、名古屋高等工業学校（現在の名古屋工業大学）に進み土木・地質《ちしつ》学を学んだ。

当時は、長男か次男かという出生の順番が人生を決定付けた時代だった。暖簾《のれん》も財産も、家のすべては長男が引き継ぐのが決まりで、それが家督《かとく》相続というものだったから、次男はしかるべき年齢になれば、家を出て勝手に生きていかなければならなかった。

静雄も同様だった。静雄の父（昌之の祖父）が生きている間は、「家作《かさく》の一部は静雄のものだ」とされ、家作からあがる家賃で大学の費用は十分賄《まかな》えた。昔の金持ちというのは、今で言うところの賃貸アパートを2、3棟持っているのが普通で、家作というのはそのアパートのことである。

ところが、静雄が大学在学中にその父親が亡くなってしまった。添《そ》え書きのある父親の遺言状《ゆいごん》があったかどうか不明だが、決まりどおり長男が家督を相続した。すると仕送《しおく》りが滞《とどこお》り始め、静雄はたちまち苦学生になってしまった。辛《つら》い生活を強《し》いられることになったのである。

苦労をしながらも大学を卒業した静雄は、工場用水や飲料水の水質検査をしたり利水《りすい》工事を請《う》け負う会社に就職。特殊な技術力を必要とする職場であったが、生来《せいらい》実直で研究熱心な静雄はすぐに頭角《とうかく》を表し、瞬《また》く間に追随《ついずい》を許さないほどの技術力を身につけた。

昔から、苦学をして技術を会得《えとく》し、立身出世する話は枚挙《まいきょ》にいとまがないが、静雄もそれに負けない苦労を背負って生きたと思う。なぜなら、静雄が社会に飛び出した昭和の始めといえば、関東大震災の傷跡《きずあと》も消えぬ昭和4年（1929年）秋……、

ニューヨーク発の世界大恐慌が勃発《ぼっぱつ》した。

くる日もくる日も暗いニュースが新聞紙面を埋《う》め尽くした時代だった。失業者は街に溢《あふ》れ、庶民の不満をバックに政治をわがものにしようとするクーデターや高官の暗殺が相次《あいつ》ぎ、社会主義思想がじわじわと世の中に蔓延《まんえん》し始めた。

たしかに静雄は謹厳《きんげん》実直だったが、だからといって、大きな志《こころざし》もなく、勤《つと》めた会社一筋で我が道を行くというほど〝ぼんくら〟ではなかった。

社会不安は頂点に達し、昭和11年2月26日、青年将校が掲げる昭和維新《いしん》クーデターが起《おこ》った。いわゆる二・二六事件であるが、昌之はまさにその真《ま》っ只中《ただなか》の2月24日に誕生したのである。一家を背負う静雄にまた一つ責任と苦労がのしかかってきた。静雄は時代の趨勢《すうせい》を見ながら……、

「台湾に渡ろう」

と一大決心をした。なぜ静雄が台湾に目を向けたのか、本当のことはわからないが、日本国内の混乱と閉塞《へいそく》感に辟易《へきえき》し、大陸へ大陸へという風潮《ふうちょう》にも影響され、台湾、中国、満州に心が向かったことも確かだ。しかしそれ以上に、静雄が数少ない水の専門家ということを考えると……、

「俺の技術が一番役に立つのは台湾だ」

と義侠《ぎきょう》心《しん》にも似た気持ちで結論を出したのではないか。さらに、当時の台湾を見てみると、

都市の水道は辛《かろ》うじて整備されていたものの、工場用水に関してはほとんど手付《てつ》かずだった。そこへ持ってきて次々と工場が建設されたのだから、水の需要は恐ろしい勢《いきお》いで増えていった。家族を思う静雄は……、

「今、台湾に行けば商売になる」

そう考えたに違いない。昭和15年、静雄は大きな危険を感じながら、それよりもっと大きな希望を抱き、家族を引き連れて台湾に渡った。

世界は、ますます暗さを増し、ヨーロッパで始まった戦争のきな臭い匂《にお》いは日本にも漂《ただよ》い始めた。岡田一家が台湾に移住した翌年、日本は真珠湾《しんじゅわん》攻撃に踏み切って第二次世界大戦に突入したのである。歴史に残る有名な暗号……、

「新高山《にいたかやま》登れ」の新高山は、

奇《く》しくも岡田一家が移住した台湾で最高峰の玉山《ユイ》のことである。台湾で最高峰であると同時に、富士山も超える高さだから日本領土全体で一番高い山ということだった。

そして、父・静雄に連れられて台湾に渡った昌之は、当時4歳。幼稚園に入ったばかり

だった。

静雄の目論《もくろ》みは正しかった。

台湾では工場用水の需要が想像以上に膨大《ぼうだい》であった。「これじゃ水道までは手が回らない」と瞬間思ったが、台湾には水利用に関する専門家が皆無《かいむ》に等《ひと》しかったから、結局、目の回るような忙《いそが》しさを覚悟して、「水のことなら何でも引き受けます」みたいな会社を立ち上げることにした。

一言《ひとこと》に水といっても専門家から見れば千差万別《せんさばんべつ》、きれい、汚いから始まって、酸性、アルカリ性、微生物の混入、流れてくる水か、汲《く》み上げる水か、まあ聞けばいくらでも分類できる。その水をどこでどのように使うのか、用途に応じてどんな工事をしなければならないか……、とにかく静雄の結論は、

「捨てる水はない」ということだった。

現代のような、用途に合わせてリサイクル装置を設置するほどの余裕はなかったにせよ、

静雄の技術を聞き及んで水質調査から薬剤処理、生物処理、配管工事、貯水槽設置工事まで依頼が引きも切らずの状況で、静雄の会社はまさに千客万来《せんきゃくばんらい》の様相《ようそう》であった。

こんな調子だったから、台湾に移住した岡田家はたちまち広大な土地を手に入れて、建坪2百坪もあろうかという屋敷を建設した。台湾では2階建ての家はなく、資産家の家は高い塀《へい》に囲《かこ》まれた平屋《ひらや》が普通で、岡田家もその例外ではなかった。一つ違うところは、立派な日本庭園が造られていたことだ。静雄の成功がいかばかりであったか想像に難《かた》くない。

「なんで昌之にはいつもあのお兄ちゃんが付いて来るんだ?」

「僕にもよくわからないんだ」

幼稚園の遠足のとき、昌之の傍《かたわ》らには常に岡田家の小使《こづか》いさんが付いていた。李阿青《リアセイ》という名前だったが、このときばかりはボディーガードの代《か》わりを勤《つと》めて昌之を警護していたのである。SP付きで遠足に行く子供などもちろん他にはだれもいなかった。両親はそれほどに昌之のことを心配し、愛情を注《そそ》ぐが故《ゆえ》のボディーガードであった。

この李阿青については別の話題で触《ふ》れるが、岡田家とは深いつながりを持つこととなった人である。静雄が、彼に会社を任《まか》せて日本に引き上げてからは、台湾の実業界で大きな存在となり、後に兄の李進枝《リシンシ》と共に台湾資生堂《しせいどう》を設立し、大企業連合会《だいきぎょうれんごうかい》の会長にもなった。

その後、日本に来るときは必ず昌之に連絡し、会食《かいしょく》することもあった。昌之の子供時代のエピソードを聞けば、静雄の財力がいかに大きなものであったか判《わか》るであろう。

一条の竜巻

こんな順風満帆《じゅんぷうまんぱん》の岡田家に突然一条《いちじょう》の竜巻《たつまき》が襲《おそ》ってきた。一枚の赤紙《あかがみ》、召集令状《しょうしゅうれいじょう》が配達されたのである。

「俺《おれ》のようなラホヤを兵隊に取るようじゃ、しかも二等兵で……」

「日本は勝ち目がないんじゃないか。」

召集令状が届いた夜、静雄が母にそれとなくつぶやいたのを昌之は聞き逃《のが》さなかった。

ラホヤとは台湾の言葉で老人のことだ。このとき静雄は40歳だったから、自らをラホヤと言うほどの年寄ではなかったのだが、重要な役目を担《にな》うものを召集する日本国の腑甲斐《ふがい》なさと、この日のあることを予期していなかった自分自身を、思わず自嘲《じちょう》して発した言葉であった。

たしかに、当時の40歳はいまの40歳とは違う。肉体的なことだけではなく、精神的にも社会的にも高齢者の域《いき》に達していた。その静雄のもとに召集令状が届いたのだから驚くのも無理はなかった。

「自分がいなければ、他に工場用水や水道の設計、工事を請け負える技術者はいないから……、自分が兵隊に取られることはない」と、総督府《そうとくふ》に出入りするほどの技術を持っていた静雄は、そう考えていた。

決められた入営の日はあっという間にきた。その数日の間にできたことと言えば着替《きが》えの用意くらいのものだった。やりかけの仕事の始末、次々と組まれている工事の指揮《しき》者をどうするか、発注元との打ち合せ、最も大きな発注元である総督府への依頼事項など山積《さんせき》する処理事項を手際《てぎわ》よく片付けたが、肝心《かんじん》の身の回りのことはすっかり後回《あとまわ》しになった。

昌之は、父・静雄の出征《しゅっせい》光景を鮮烈《せんれつ》に覚えていた。それまでに、出征兵士《しゅっせいへいし》を何人も送ったが、少人数のブラスバンドを先頭にして、緊張した若者が戦闘帽《せんとうぼう》にゲートル姿で規律正しく歩く光景は、華《はな》やかでもあり誇《ほこ》らしげでもあった。広くもない道の両側に、日の丸の小旗《こばた》を手にして兵士を送る人たちは当たり前のように「武運長久《ぶうんちょうきゅう》」を祈るだけだった。

しかし、静雄の出征はそれまでのものとは違っていた。送る人も送られる人もどこかわびしく、見様《みよう》によっては惨《みじ》めな感じがしただろう。それは本人が言っていた「ラホヤ」だったからではない。静雄ほど兵隊姿《へいたいすがた》が似合わない人はいなかった。人々は、間違っても「武運長久」など口に出せなかった。それより何より、「無事で帰って」と念《ねん》じるだけだった。

昌之は……、

「かわいそう」

とさえ思った。

入隊してみると、実際、周りは自分より一《ひと》回り以上も若い兵隊ばかりで、力もあるし動作も早い。思ったとおりだった。

起床ラッパと同時に木のベッドから起き上がり、枕元《まくらもと》に畳《たた》んで置《お》いた軍服を着る、軍足《ぐんそく》をはいてゲートルを巻く、軍靴《ぐんぐつ》を履《は》いて戦闘帽《せんとうぼう》を被《かぶ》ればこれが軍隊の正装だ。衣服《いふく》を整《ととの》えて点呼を受けるのだが、若い兵隊はまことに早い。ラホヤの静雄はとてもかなわない。いつも一番最後に装着《そうちゃく》を終えるのだった。
静雄はゲートルが苦手だった。

しかし、軍隊で「苦手」は通用しない。もたもたしている静雄に上官のビンタが容赦《ようしゃ》なく飛んできた。当時の若者は、中学に入れば軍事教練というものがあって、登校のときからゲートルを巻いて家を出たのだから、日頃からゲートル巻きには慣《な》れていた。これに反して、静雄の学生時代にゲートル巻きはなかったし、卒業してからの日常は背広姿だった。入隊して初めてゲートルを手にしたのだから、不器用なゲートル巻きが容易に想像できる。

それに、台湾にはまだ戦争の実感がなく、時折空襲警報《くうしゅうけいほう》が鳴るものの軍事演習の続きみたいな気分があって、兵隊といっても生死を決する緊張感は感じられなかった。

ところがこのころから、台湾で入隊した兵士は続々と南方諸島の激戦地に送られ始めた。そして悲しいことに、輸送船に詰《つ》め込まれた兵士は、戦場に到着《とうちゃく》する前に、敵潜水艦《てきせんすいかん》の魚《ぎょ》雷《らい》攻撃を受けて沈没し、戦いもせずに戦死した若者は数千を数えたのである。静雄も南方送りになれば、同じ運命をたどったかもしれない。

しかし、静雄の技術力を高く評価していた将官たちは、静雄を常に傍《かたわ》らに置き、沿岸要《よう》塞築城《さいちくじょう》のために現地視察の随行《ずいこう》を命じた。そのため静雄は台湾を出ることがなく、またついぞ戦場に送られることはなかった。技術力が静雄を救ったのである。

「昌之、今日はスイカが手に入ったぞ」

戦時中でありながら、静雄は時折、佐官旗《さかんき》を立てた車で家に立ち寄り、どのようにして手に入れたかわからないが、果物などを置土産《おきみやげ》にして帰って行った。

「父は特別なんだ」

漠然《ばくぜん》と昌之はそう感じた。

技術力を磨《みが》くこと、特殊な技術を身につけること、そのことが人を特別にする。当時、昌之は父の姿を見て、そんなことを身体で感じ、知らず知らずのうちに頭に叩き込んだのであろう。

父の無言の教えが、後の昌之の人生を大きく左右させた。

夢は飛行機に

「昌之、今月号の少年倶楽部《くらぶ》が届いたわよ」

学校から帰った昌之に、お勝手《かって》から母の声が届いた。

戦時中の台湾に、子供たちの遊びは少くない。小学校に通い始めていた昌之も近所《きんじょ》の子供たちと原《はら》っぱや河原《かわら》を駈《か》け回るだけできまった遊びがあったわけではない。ただ一つ昌之が楽しみにしていたのは『少年倶楽部』の付録《ふろく》だった。『少年倶楽部』は講談社（戦前の名前は大日本雄辯曾講談社という）発行の月刊少年雑誌で、大正3年に創刊され昭和37年に休刊されるまで半世紀にわたって発行された児童文化最大の担《にな》い手だった。人気漫画も連載され、中でも「のらくろ」や「冒険ダン吉」は、今では伝説化し、神話化している人気キャラクターであった。

問題はその付録だ。昌之は、豪華《ごうか》なペーパークラフトの飛行機を毎月待ち望んでいた。昌之少年は付録のパッケージを開《ひら》いて胸をときめかせた。少年の手にずっしりと重く感じたパッケージの中には、ゼロ戦や隼《はやぶさ》、ときにはグラマンやムスタングなど敵の戦闘機も入っていた。

しかし、昌之の遊び方はちょっと変わっていた。ただ付録のペーパーを切り取って、折り返して組み立てるのではない。切り取った図面を木材に貼《は》りつけて、肥後守《ひごのかみ》で丁寧《ていねい》に削《けず》り出すのである。翼《つばさ》と胴体の接合《せつごう》には高度の技術を要した。サンドペーパーできれいに仕上げ、ラッカーで彩色した。こうして出来上がった飛行機の模型《もけい》は小学生の作とは思えないほど精緻《せいち》を極め見事なものだった。付録のペーパークラフトに魅了されたが、昌之は飛行機そのものが好きだったのである。だから……、

突然、静寂《せいじゃく》を破って空襲警報のサイレンが鳴り響くと……、

昌之は、我先《われさき》に防空壕《ぼうくうごう》へ駆《か》け込む人々とは反対方向へ走りだし、庭の木をつたって我が家の屋根に駈《か》け上《あ》がった。

「昌之、早く防空壕へ入りなさい！　昌之！　昌之！」
と叫ぶ母の声も聞こえないのか、昌之は飛行機見たさで屋根瓦にへばりつき、睨《にら》むように敵機を観察した。遥《はる》か遠くに見えた黒い点は、あっという間にぴかっと光る薄茶色の大きな物体となった。明らかに敵機グラマンだと察知《さっち》して、昌之は恐怖というより「この目で見た！」という興奮で頭に血がのぼった。3機編隊のグラマンは高度をやや低めにとって、昌之の左前方から一直線に頭上を飛び去った。

その後、昌之の屋根上りは数回に及んだ。もちろんその度に、母は大声で「防空壕へ！」と繰《く》り返したが、首根《くびね》っこをつかまれて引きずり込まれない限り防空壕には入らず屋根にいた。頭上を飛ぶ敵機は、ときに悠々《ゆうゆう》として遥《はる》か上空を過ぎる。「重爆撃機《じゅうばくげきき》コンソリデーテッドB24に間違いない」と昌之は思った。コンソリデーテッドとは尾翼《びよく》と垂直翼《すいちょくよく》を合体して双垂直翼《そうすいちょくよく》としたのでこう呼ばれるが、その巨体がどこの基地から飛び立ってきたものか昌之にわかろうはずがなかった。

それにしても、台湾は戦場にならず機銃掃射《きじゅうそうしゃ》もなかったので、屋根に上って敵機を観察する昌之が狙《ねら》われなかったことは実《まこと》に幸いであった。戦争の意味をまだ十分に理解していない昌之少年の目には、基地に帰る敵機が、機体《きたい》を少しでも軽くしようとして、打ち残した弾丸や爆弾を台湾大学の農林試験所に隣接《りんせつ》する原っぱに落としていくときのピカッ、ピカッという閃光《せんこう》など、美しいとさえ思った。

「防空壕《ぼうくうごう》に入れ！」と母が叫んだ岡田邸の防空壕は、庭の真ん中に築山《つきやま》となって敷地の半分くらいを占《し》めていた。静雄が1トン爆弾にも耐《た》えられるようにと、厚さ2センチほどの鉄板を屋根にして、そのうえに土を盛って作ったものだ。入り口の扉はがっちりとして、いかにも爆風なんか跳《は》ね返すぞといった造《つく》りだった。そして小さな覗《のぞ》き窓《まど》が付けられ空気を取り入れる機能も果たした。しかし……、

「あの湿気がどうにもたまらない、」
「あの中にいると、じめじめして人間が小さくなるようだ」

と昌之は思った。だからというわけでもあるまいが、昌之は空襲警報が鳴り響くと防空壕を見向《みむ》きもせず、なにかに取り憑《つ》かれたように屋根に這《は》い上がっていった。屋根から見る我が家の防空壕はまるで小山のように大きく、それが爆弾を避《さ》けるためのものだという感覚はまるで湧《わ》いてこなかった。それより……、

屋根に登る昌之少年

「僕の家の庭にはどこの家にもない立派な山がある」

という誇らしい気持ちになった。

実は、この防空壕は戦争では役に立たなかったが、戦争が終わって間もなく、台湾に起《おこ》ったとんでもない残虐《ざんぎゃく》な事件のとき、十数名の大学生の命を救うことになったのである。この話は後に述べよう。

戦争が激しくなった

父親の出征、敵機襲来《しゅうらい》、空襲警報、防空壕への避難など昌之の身の回りには本当の戦争が毎日起こっていたのだが、戦争について自分の言葉や思想で考えるほどに成熟《せいじゅく》していなかった。徹底した戦中教育の中にあって、戦争に疑問を抱くより先に、鬼畜米英《きちくべいえい》を旗《はた》印《じるし》に掲《かか》げて自ら望んで戦争に飛び込んでいく方《ほう》がむしろ自然だった。

日常の生活の中であまり疑問を持ったことのない昌之であるが、ある一つの出来事に対して、昌之は違和感を感じていた。というのは、毎朝、生徒たちは炎天下に整列して朝礼を行なっていたが、その最後尾にはいつも見張り役のような見習《みならい》士官《しかん》が立っていたからである。

「なぜ学校に、日本刀《にほんとう》を下げた人が毎朝来るのか」

昌之が抱いた最初の疑問だった。はっきり意識したわけではないが、戦争に対する何とも言えない気持ち悪さがじくじくと体中を這《は》い回った。防空壕に入ったときの黴《かび》臭いジトッとした気持ち悪さに似ていた。

このころ、戦争に対してこのような嗅覚《きゅうかく》みたいなものをだれもが持っていたわけではない。そのためには知性が必要だった。知性を獲得するためには十分な教育と家庭環境がなければならない。昌之の家庭には好奇心と自由な雰囲気が漂《ただよ》っていた。富裕層《ふゆうそう》であればすべてがそうだったわけではない。むしろ昌之の家庭は例外だったかもしれない。

ある日、総督府から一通の文書が届けられた。南方に出兵する兵士を数日預《あず》かってほしいというのである。厄介《やっかい》なというより、どう対処《たいしょ》したらよいのかわからないというのが本当のところだった。人数は5人、どこの人か何歳くらいの人かまるでわからない。南方へ出兵といっても、生きて帰れぬ特別攻撃隊《とくべつこうげきたい》の人たちということはわかっていたので、できるだけ快適に、しかも思い出に残るような数日にしてやりたいというのが母親の気持ちだった。

昌之の母・泰子は腹の据《す》わった人で、ちょっとやそっとのことでびっくりするような人ではなかったが、このときばかりは相当緊張したようだ。泰子は、ごく自然に、子供たちと遊び回ってほしいという結論に達した。子供たちといっても昌之が筆頭で、近所の遊び友達が数人集まって兵士を待ち受けた。

預かる兵士は高砂族《たかさごぞく》の若者だった。

高砂族とは台湾の原住民のことであるが、厳密《げんみつ》にはいろいろな呼称があるようだ。日本が台湾を領有《りょうゆう》していたころは、漢民族《かんみんぞく》文化に同化《どうか》せず山地《さんち》に居住している原住民を高砂族と呼んでいた。狩猟《しゅりょう》に長《た》けていたことから勇猛果敢《ゆうもうかかん》な民族と見られていた。事実彼らは勇敢で死を恐れず、日本軍の先兵《せんぺい》として、あるときはゲリラとして南方諸島のアメリカ軍を震撼《しんかん》させたのである。

その精悍《せいかん》な兵士が預《あず》かり人《びと》として、言ってみればホームステイといった感じで岡田家に数日寝泊りすることになった。泰子は、料理には自信があり、次から次と日本料理が食卓に並んだ。彼らは、日本の富裕階級の人たちと食卓を共にするなど考えてもいなかったし、奥様が自《みずか》ら造りあげた精一杯の料理がずらり揃《そろ》ったのだから何から手を付けてよいのか分《わ》からないほどだった。

翌日は、昌之をはじめとする友達が高砂族の遊びを教わることから始まった。蛇《へび》を獲《と》る、鳩《はと》を獲《と》る。蛇は手掴《てづか》み、鳩はパチンコで仕留《しと》めた。彼らの手にしたパチンコはまことに原始的で、Y字の木枝《こえだ》を蛮刀《ばんとう》で切り出し、かなり強い生ゴムをぎりぎりと結《ゆ》わえる。庭には手ごろの小石がいくらでもころがっているから、弾丸には事欠《ことか》かない。

彼らの仕草《しぐさ》は実《じつ》に早い。鳩を睨《にら》みながら小石をパチンコに挟《はさ》んでギュウと引き、すでに狙《ねら》っていた鳩を射《う》つ。鳩の首の辺りに命中したのだろうか、止まっていた枝から真逆様《まっさかさま》に落ちたのである。

「これが遊びか」、昌之は彼らの動作の一部始終を凝視《ぎょうし》した。それは狩人《かりうど》の、というより兵士の戦闘そのもののように思えた。次は昌之がパチンコを射つ番である。昌之は見たまのやり方で小石を掴《つか》み鳩を狙った。しかし、弾はひょろひょろと飛んでいき鳩を掠《かす》めもせずに落ちた。

それでも、高砂族の兵士は昌之を褒《ほ》めたのである。彼らは、昌之たちに鳥の獲《と》り方を教えることで喜びを感じたのであろう。日本の子供たちが、若い兵士を蛮人《ばんじん》と思わず、一緒になって狩りを楽しんでくれたことを感謝したに違いない。

高砂族の兵士との生活は数日であったが、いろいろなことを学んだ。それは野人的《やじんてき》遊びの中からだったが、あまりにも衝撃《しょうげき》的な事柄が多く、何十年たっても忘れることができなかった。蛇の獲《と》り方、食べ方もその一つだ。

「蛇だ！」

庭の林には、蔦《つた》が地面を這《は》っていて、兵士が教えたとおり蔦をそっと剥《は》がすと蛇が鎌首《かまくび》をもたげた。昌之は、一瞬ぎょっとして後退《あとずさ》りすると、兵士がさっと手を出して首の辺《あた》りを掴《つか》んだ。

「首のところをこうやって切るんだ」兵士は言いながら蛮刀《ばんとう》を当てた。
「ええっ……、」子供たちは怯《ひる》んだ。
「こうやって皮を剥《は》ぐんだ」と、蛮刀と親指で一気に皮を剥《は》いだ。
「焼いて醤油《しょうゆ》で食うとうまいから……、」と教えてくれた。

だれが用意したのか七輪《しちりん》に真っ赤な炭が入っていた。網のうえに皮を剥がれた蛇が横たわった。じゅうじゅうと焼く。どんな匂いがしたのか昌之は覚えていないが、兵士が「先に食え」というので、箸《はし》も使わずに指で摘《つま》んで醤油《しょうゆ》を付けて食った。

「うまい！」

昌之は思わず声を出した。兵士は大喜びだ。どうだと言わんばかりに蛇を皿に移し、子供たちの鼻先《はなさき》に持っていった。昌之が手を付けた後だから、子供たちは疑いもなく手を伸ばした。味はあっさりして焼き鳥のようだった。

兵士は最後にこう言った。「昌之、頭が三角の蛇には近付《ちかづ》くな、毒蛇かもしれない。頭が丸ければ手掴《てづか》みにして食っても大丈夫だよ」。兵士はよほど嬉《うれ》しかったとみえて、子供たちが焼き蛇を口に持っていくと手を叩いて喜んだ。

母親の作戦は効《こう》を奏《そう》したのである。

子供たちと遊ぶ高砂族の兵士を見て、いちばん嬉《うれ》しかったのは母・泰子だった。

いよいよ彼等の去る日がきて、家族や近所の子供たちは玄関に並び、

「元気でね」とか、

「また遊びにきてくださいね」

「もっと美味《おい》しいものを作るからね」

「今度は、ぼくが飛行機の作り方を教えるから……」

など声を掛けながら手を振った。

しかし、泰子は終始《しゅうし》無言で兵士を見送っていた。それが帰らぬ出兵だということを知っていたからだ。その日、だれもいなくなった家の寝室で、昌之は兵士と遊んだことを一

つ一つ思い出しながら、「また会えるかな」と心の中で呟《つぶや》いた。それは淋《さび》しいというより、いまにも涙が出そうになるほど悲しい呟きだった。

母・泰子という人

話は前後するが、ここで昌之の母親を紹介しよう。

昌之の母・泰子《やすこ》は明治43年、東京で生まれた。正確には東京市というのであろう。江戸が東京府となったのは明治元年で、その後明治22年に東京府のうち15区を分離独立させて東京市としたからだ。旧姓は松崎という。もともと伊豆松崎の出身で、伊豆水軍の流れを酌《く》む家系だったから豪放磊落《ごうほうらいらく》で名を馳《は》せたものも多い。

松崎家の子供は男の子が4人、女の子が4人という当時でも子沢山《こだくさん》家庭だった。その中で、泰子は兄弟姉妹の4番目、姉妹だけでいえば2番目の子供だった。病気や事故で早世《そうせい》したものもなく、実《まこと》に力強い家系《かけい》だった。

4人の姉妹を見てみると、2人はお茶の水女子大を卒業し、泰子を含め2人が白百合女子大の卒業生だ。いずれも日本における女子大学の草分けだが、お茶の水が明治8年、白百合はそれより遅れること6年の明治14年に高等女子仏英和学校として開校された。

ついでに、白百合を調べてみると、母体はフランスのシャルトル市郊外にあるシャルトル聖パウロ修道女会である。日本に渡って函館に修道院を創《つく》った。それから、東京神田に白百合学園の第一歩となる学校を創《つく》りあげたという名門中の名門だ。

「帽子を被《かぶ》り、ハイヒールをはく女性、それがモガだ！」

白百合で教育を受けた泰子は、まだ女性の大半が着物姿だった当時、すでに洋服を着て街を闊歩《かっぽ》する女性だった。モガというのはモダンガールを縮《ちぢ》めた言い方で、それならモボはモダンボーイのこと。大正から昭和にかけて、ハイカラを取り入れて近代化を加速させようとした日本を象徴する流行語だった。加えて、泰子は一言でいえば容姿端麗《ようしたんれい》、知性と美しさを兼ね備《そな》え、常に人目を引く存在だった。

あるとき、銀座4丁目で、人際立《ひときわだ》った泰子のスタイルに目を奪《うば》われた朝日新聞の記者が

思わず彼女を呼び止め、「取材させてください」と恐《おそ》る恐《おそ》る申し入れた。彼女は……、

「いいわよ！」

とケロッと返事してポーズをとった。和光の前には、「撮影が始まるぞ」という騒ぎでたちまち人集《ひとだか》りができた。実はそのとき銀ブラしていたのは泰子だけではなく、4人姉妹が揃《そろ》ってお出ましだった。

カメラを構えた記者は無我夢中《むがむちゅう》、美女がぞろっと並んだのでだれに焦点《しょうてん》を合わせたのかわからなかったという。記事になってはじめて、泰子だったという後日談《ごじつだん》まで生まれた。

美しいだけではない。泰子の性格はさっぱりしていて、気《き》っ風《ぷ》がよく、だれからも好かれてしまう存在だった。台湾に渡って、前述《ぜんじゅつ》のとおり高砂族《たかさごぞく》の若い兵士を歓迎したとき、彼らは泰子の美しさにすっかり魅《み》せられてしまったことだろう。

「女性を見るとき、お御足《みあし》を見てしまう、母の姿が目に焼き付いて……」

と言うのは昌之だ。これは偽《いつわ》らざるところだろう。

銀ブラの四姉妹

無条件降伏《こうふく》の日

さて、もう一度台湾に話を戻《もど》そう。戦況は日に日に悪化し、日本政府はポツダム宣言を受諾《じゅだく》し、無条件降伏《こうふく》をせざるを得なくなった。昭和20年8月15日のことである。岡田家は台湾でこの日を迎えた。

9月2日には、米軍艦ミズーリ号の艦上で重光葵《しげみつまもる》外務大臣が天皇と政府の全権代表として降伏文書に調印した。居並《いなら》ぶものは、連合国最高司令官マッカーサー元帥《げんすい》と米国、中華民国、英国、ソ連の4ヵ国代表および日本と戦争状態にあった各国の代表であった。

戦争が終結すると、台湾に住む日本人はすぐさま引き上げ準備に入った。

しかし、昌之の家はひっそりとして父・静雄の帰りを待っていた。ほどなく静雄は軍隊から戻ったが、近所の家とは事情が違っていた。静雄の留守中も、例の昌之のボディーガード李阿青《リアセイ》が会社を守っていたが、この会社を放《ほう》り出して日本に帰るわけにはいかなかったし、またその気もなかったのではないだろうか。総督府《そうとくふ》の強い要請《ようせい》もあり、静雄は台北大学で地質学を教える講師として台湾に残ることになったのである。

台湾に残るのは昌之の家だけではなかった。大学で教鞭《きょうべん》を取っていた学者や台湾の基幹《きかん》産業を支えていた技術者などは台湾政府にとって欠かせない人材だったから、色々有利な条件を付けて半《なか》ば強制的に残留《ざんりゅう》を要請したのである。

岡田一家が台湾に残ることになり、小学校4年の昌之は貴重なというより意外なそして衝撃《しょうげき》的な体験をすることになる。

第一のショック「俺は台湾人だ」

昌之が通っていた幸《さいわい》小学校は、日本人の居住区にあったから、生徒はみんな日本人の子供たちだと思っていた。しかし実際には、台湾人のエリート層の一部は、日本人の居住区に住んでいて、将来のことを考えて子弟を日本人学校へ通わせていたのである。

無条件降伏は夏休みの出来事だった。これからどうなるんだろうかと心配しながらも、新学期が始まる日には通常どおり学校へ向かった。教室に入って机に座ると……、

「俺は台湾人だ。戦勝国《せんしょう》の人間だ！」


級友のひとりが突然立ち上がり、そう叫《さけ》んで周囲を一瞥《いちべつ》した。彼は異常に興奮《こうふん》して、こぶしを振り上げて何か叫《さけ》んだ。

すると、続けて3人の級友が、

「俺も台湾人だ！」と立ち上がった。

そのうちのひとりと目があった。

昨日まで一緒に追《お》っ駆《か》けっこしていたのに、
今日の彼の目は、明らかに敗戦国の日本を蔑《さげす》んでいるように見えた。


「なぜだ？」

昌之は、何が起こったのかまるで分からなかった。「何だ？」「なぜだ？」と頭の中で

繰《く》り返しても、「ああそうか」と首肯《うなず》ける答えは出てこない。出てくるはずがない。まさか仲《なか》の良い級友が、「日本人じゃない」と宣言することなど考えてもみなかった。

日本人だとばかり思っていた級友の宣言に、昌之は驚いた。瞬間、頭から血の気が引いた。手足が動かなくなった。

当時、台湾人はみな、日本姓《せい》を名乗《なの》らされ、言語も日本語だった。ただ、日本から台湾に渡った人と現地人とは自《おの》ずから格差があった。役割も地位も違うし、金銭的な豊かさは比べようもなかった。居住区《きょじゅうく》も、日本人が住む地域と現地人が住む地域ははっきりと住《す》み分《わ》けができていた。だからといって、昌之は現地人を蔑視《べっし》することもなく、学校では一緒《いっしょ》に飛び回っていた。

しかし、まわりの大人《おとな》たちは、肉体労働は現地人の仕事と考えていたから、日常の会話の中でも「台湾人は労力《クウリイ》だよ」という言葉が昌之の耳に入っていた。自分たち日本人は特別だとするエリート意識が無意識のうちに根付《ねづ》いていたことも確かだ。

台湾人宣言の翌日から、彼らは明らかに態度が変わった。それでも、日本人の人数の方が圧倒的に多かったから、いじめられることはなかったが、威張《いば》り散《ち》らす級友に昌之は、今度は淋《さび》しいショックを感じた。そしてあらためて、日本が負けたという事実を思い知らされたのである。

「負けたんだ」

昌之は同じ言葉を何度も繰り返した。

第二のショック「青天白日旗」

その日からほどなく、昌之を襲《おそ》った第二のショック、それは国府軍《こくふぐん》の上陸と凱旋《がいせん》行進だった。日本軍の武装解除《ぶそうかいじょ》を行なうために、大陸から蒋介石《しょうかいせき》が率《ひき》いる中国国民党政府（中華民国）

の官僚や国府軍が上陸するというので、台湾中が大騒ぎになった。連合国に降伏した日本は、治安《ちあん》の維持を考慮《こうりょ》して、10月になって台湾の接収《せっしゅう》に応じたのである。

台湾が日本の領土となったのは明治28年（1895年）のことで、中国清《しん》朝との戦争（日《にっ》清《しん》戦争）が終結し講和条約が結ばれたとき、台湾は日本に割譲《かつじょう》された。以来、日本領として統治《とうち》されてきたのだから、実に50年もの間日本による治世《ちせい》が続いたのである。大方《おおかた》の台湾人は祖国への復帰を歓迎したが、「祖国とは一体どこか」と疑問を持ち、大陸の中国政府による接収に疑問と不安を持つものもいた。

そして間《ま》もなく、国府軍の上陸で、その疑問と不安が現実となったのである。

昌之たち小中学生は、当日に備《そな》え連日《れんじつ》、中華民国国歌「三民主義《さんみんしゅぎ》」を練習させられた。これは余談だが、台湾出身者ならだれでも歌えるから、不法入国者を判別《はんべつ》するときには「三民主義」を歌わせたとさえ言われている。

ついにその日がやってきた。

昌之たちは、総督府の前を通るメインストリート三線《サンセン》道路に沿《そ》って、中華民国の国旗

「青天白日旗《せいてんはくじつき》」の小旗《こばた》を持って並ばされた。見れば、道路の中央に植えられた椰子《やし》の樹を挟《はさ》んで向こう側には、同じく「青天白日旗」を手にして整然と屹立《きつりつ》する武装解除した日本陸軍の姿があった。

いよいよ国府軍が上陸した。次の瞬間……、

昌之はその姿に目を疑った。

昌之の目に飛び込んできたのは、鍋《なべ》や釜《かま》を竹籠《たけかご》に括《くく》り付けて天秤棒《てんびんぼう》にぶら下げて担《かつ》ぐ兵士の姿だった。あるものは自動車のタイヤを切り、それに紐《ひも》を通して花緒《はなお》とし、俄《にわ》か草履《ぞうり》を履《は》いて足を引きずるようにベタベタと歩く兵士。またあるものは、鉄砲の銃身を逆《さか》さに持ってポイと肩に担《かつ》ぎ、何とも気楽にブラブラ歩くもの、およそ兵隊とは見えない行列だった。

これまで見知っている日本の軍隊は、軍装《ぐんそう》正しくきりっとした格好《かっこう》だった。それに比べ目の前を通り過ぎる国府軍は、なんとだらしのない汚《きたな》い格好であることか……。

考えてみれば無理もないことだった。このとき国府軍は大陸で中国共産党の軍隊に散々《さんざん》痛め付けられ、日本軍との戦いにも負け続け、逃げ場を失って最後に辿《たど》り着《つ》いたのが台湾だったのだから……、言ってみれば敗残《はいざん》兵ではないか。

国府軍の上陸

表向きは中国戦区連合国最高司令官・蒋介石の率《ひき》いる軍隊ということで、台湾人は大いに期待をしていたのだが、その上陸の光景を見て解放の喜びは一瞬にして吹っ飛び、失望と不安が渦巻《うずま》いたのである。

台湾人の失望は、やがて起こる大事件で腸《はらわた》の千切《ちぎ》れるような怒りに変わるのであるが、そこまでにはしばらくの時間がかかった。

「こんな兵隊に負けたのか！」

昌之は、怒りというより恥ずかしい思いで目を伏《ふ》せた。

沿道に並ぶ人たちの胸の中はみな同じだったろう。しかし……、

「こんな兵隊に負けたんじゃない、アメリカ軍に負けたんだ」

というものはいなかった。そのときの情況《じょうきょう》をはっきり認知《にんち》していたのは父・静雄だけだった。しかし、口に出すことはできない。昌之に教えることさえ憚《はばか》った。敗戦の年の10月25日に行なわれた台湾接収のための「受降式《じゅこうしき》」を見ていたからだ。台湾省行政長官・陳儀《ちんぎ》の残虐性《ざんぎゃくせい》について聞き及んでいた静雄は……、

「このまま平穏《へいおん》な接収はあり得ない」

と感じていた。日本人居住区の人たちはだれもがある種の不安を感じていた。間もなく、進駐《しんちゅう》してきた国府軍の腐敗《ふはい》ぶり、規律のなさ、粗暴《そぼう》な振《ふ》る舞《ま》いが現実となって現われてくるのだから、いまはただ口を噤《つぐ》んでじっとしているより他に方法がなかった。

第三のショック「二二八事件」

進駐《しんちゅう》してきた中国国民党の軍隊（国府軍）とそれを取り締《し》まるべき国民党の役人は、私《し》腹《ふく》を肥《こ》やすためにとことん腐敗し、数ヵ月前には大歓迎の旗を振った人たちも、失望し不満を募《つの》らせた。

「イヌ去って、ブタ来る」

と陰口《かげぐち》を叩《たた》き始めた。イヌとは日本人、ブタは大陸から来た中国人だという。イヌはワンワン五月蝿《うるさ》かったが家を守ってくれた。ブタはガツガツ食って寝るだけの怠《なま》け者だと悪口をいった。

昌之は、大人たちの会話を耳にして、それとなく話題の中心が何かを知ったが、ほとんど理解はできなかった。しかし、兵隊が汚《きたな》くて怠《なま》け者という話になると、上陸の日のだらしのない行列が目の前に浮かんで、すべて納得できた。

兵隊は強姦《ごうかん》、強盗、殺人を繰り返し、役人は大っぴらに賄賂《わいろ》を要求した。

台北市では闇《やみ》商売が横行し、中でも闇タバコは貧乏人の生活を支えるもので、その裏では役人が密売の元締めとなっていた。

こんなどろどろした中で、どん底の人たちは国府軍の進駐から2年余り我慢《がまん》に我慢をして生きてきた。台湾はどこへ行っても不満が固まっていていつ爆発してもおかしくない状態だった。

「昭和22年（1947年）2月27日、夕方5時……、」

台北市で闇タバコを販売していた女性が取締官に摘発《てきはつ》され、殴《なぐ》る蹴《け》るの暴行を加えられ、商品と所持金《しょじきん》が没収されるという事件が起こった。これに同情した民衆があちこちから集まってきた。人数は時間とともに増え、やがて取締官らを追い詰《つ》めた。5、6人いた取締官のうちの一人が民衆に向かって発砲した。弾丸が一人の青年の胸を貫《つらぬ》き、即死《そくし》したのである。

事件の起こった場所は、台北駅と総督府の中間地点で、昌之の自宅から3ブロックほど離れた太平町というところだった。昌之はこのとき、まだ小学校5年生だったが、夕暮《ゆうぐれ》には少し間があるときだったから、通りの方で何やら騒《さわ》がしくなったのを感じた。

「阿山《アサン》が人を殺したぞ……」

辺《あた》りが暗くなるにつれ、民衆はさらに増え、事件は拡大した。阿山というのは田舎者という意味で、国民党の兵士を侮蔑《ぶべつ》してこうぶっ付けた。

翌28日の朝9時ころになると、民衆はまた集まりだして、今度は専売局を取り囲んだ。さらに民衆は行政長官の庁舎に向かった。これに対して憲兵《けんぺい》は、庁舎の屋上に機関銃を据《す》え付けて乱射し始めたのである。民衆はばたばたと倒れ、逃げ惑《まど》い、それを追う憲兵がさらに狙撃《そげき》を続けた。

2月28日午後3時、行政長官の陳儀《ちんぎ》は戒厳令《かいげんれい》を発令した。

これが「二二八事件」の始まりである。抵抗を見せる現地人に、国府軍は容赦《ようしゃ》なく無差別発砲を繰り返し、戒厳令の名の下に、疑わしきものを捕《と》らえては処刑した。この事件で処刑された現地人の数は2万8千人に上った。さらに驚くべきことは、この戒厳令は40年間続き、この間、国府軍と現地人は終わりのない攻防を繰り返したということである。台湾人が行政府に対して限りない不信感を抱き、大陸と合体《がったい》することを拒否する原因はここにある。

「二二八事件」が勃発《ぼっぱつ》して数日たったある日、昌之の家の門を激しく叩《たた》く者がいた。官憲《かんけん》から逃《のが》れ、隠れるところを探す学生だった。その数は10名余り。当時、会社経営の傍《かたわ》ら、台湾大学で地質学の講師を勤《つと》めていた父・静雄を頼ってきたのだろう。日本人の家には官《かん》憲《けん》も入りづらいと考えたのかも知れない。しかし、匿《かくま》っていることがわかれば、いくら日本人とはいえ相応《そうおう》の罪に問われることは明白《めいはく》であった。しかし……、

母・泰子は学生たちを匿《かくま》った。

まず、災《わざわ》いが及ばないように……、いやそれが知れないようにと女中たちに暇《ひま》を与えた。そして、庭の防空壕を彼らに提供することを決めた。防空壕はもう何年も使用されていなかったから、水が溜《た》まっていた。それを静雄と泰子が掻《か》い出して簀子《すのこ》を敷き、学生たちを招《まね》き入れた。

食事は、夜だけおむすびと他に何やら作って防空壕の窓から差し入れた。昌之は側に近寄れなかったが、壕《ごう》の中を想像して彼らの安全を祈った。数日が過ぎたころ、ほとぼりの冷めるのを待つように、夜陰《やいん》に紛《まぎ》れて学生たちはひとりまたひとりと防空壕を後にした。最後の学生がいなくなるまでの一週間、泰子は終始、冷静に行動していたが、静雄は多少びくびくしていた。

昌之の脳裏には、学生を招き入れたときの母の毅然《きぜん》とした姿が目に焼き付いた。恐《こわ》い素振りを微塵《みじん》も見せず、正義を貫《つらぬ》いた母を生涯尊敬した。母は本当に恐くなかったのだろうか。ずっと疑問に思ってきたことではあったが、母に尋《たず》ねる機会もなかった。しかし、その疑問が突然解かれた。

母・泰子は平成8年（1996年）、88歳で天寿《てんじゅ》を全《まっと》うしたが、亡くなる間際《まぎわ》のある日、何かに魘《うな》されて微《かす》かに言葉が漏《も》れた。

「昌之、裏木戸から中国兵が入ってくるよ!、早く鍵《かぎ》を閉めて!」

母の脳裏《のうり》に甦《よみがえ》ってくる情景は、防空壕に学生を匿《かくま》ったあの一週間だった。きっと母も恐かったのだ。気丈《きじょう》に振る舞っていたのは、その恐怖と闘い、已《おの》れを鼓舞《こぶ》するためだったのか。昌之はしみじみ泣いた。

「私は、あなたの子供であることを誇りに思います」

その後の昌之が強く生きられたのは、母・泰子の最後の言葉を聞いたからではないだろうか。いずれにしても、二二八事件は岡田家にとっても昌之にとっても、まさに一大事件だったのである。

敗戦、無条件降伏《こうふく》、台湾接収《せっしゅう》、中国軍の上陸、治安《ちあん》の悪化、二二八事件勃発《ぼっぱつ》、戒厳令《かいげんれい》など戦後の台湾は混乱を極《きわ》めた。中でも二二八事件は、官憲《かんけん》が言葉で言えない残虐《ざんぎゃく》な行為を繰り返したのであるから、台湾人にとって忘れることのできない出来事であった。ときの経過とともにそれを知るものは数少なくなり、だんだん歴史の記録から消されてしまうのではないか。昌之は僅《わず》かばかりの記憶でも記録に残しておかなければならないと思った。

寺子屋は教育の原点

戦後の混乱の中から、台湾の日本人は米軍の用意した輸送船リバティ号に乗って次々と引き上げていった。昌之の通う幸《さいわい》小学校でも、日本人の生徒がみるみる少なくなってしまった。

すでに述べたが、昌之の父・静雄は中国国民党から強く要請《ようせい》され、台湾残留《ざんりゅう》を言い渡された。残留したのは静雄だけではない、日本人技術者や大学教授、医者など国益になると見込まれた者は半《なか》ば強制的に残った。

小学校は人数が減り、機能しない。しかし、教育は必要だ。そこで考え出されたのが寺子屋式子女教育班だった。

残された子弟を集め、台湾大学のすぐ側にある寄宿舎のようなところを借りて、寺子屋形式の授業が始まった。

オルガンが置かれた小さな寺子屋は、当初2クラスでスタートした。一年生から三年生までを一クラスとし、校長兼教師の田代先生が担当、四年生から六年生までを一クラスにして女性の木原先生が担当となった。昌之の妹は田代先生のクラスで、昌之は木原先生のクラスだった。

寺子屋の話になるとまた余談が膨《ふく》らむ。台湾の戦後は混乱を極めたが、そんな中で親たちは何故《なぜ》そこまで子供の教育を考えたのだろうか。どのような状況下でも、まず教育を優先する。当時の日本には、戦争に負けたといえども、もっと先を見るという姿勢《しせい》があった。

とはいうものの、日本から送ってもらった教科書は検閲《けんえつ》でほとんどのページが墨《すみ》で黒く塗り潰《つぶ》され、ほとんど役に立たなかった。田代先生と木原先生はガリ版で教科書を作り、子供たちに与えた。先生の情熱は子供たちに伝わり、子供たちは先生方を大いに慕《した》い尊敬した。みんな理由もなく先生の家に行って遊んだ。昌之もまた、よく木原先生の家に行った。

寺子屋では、二人の先生の他にも専門分野の先生として算数と英語の先生がいた。知り合いの中から適任者《てきにんしゃ》を選び、頼み込んで教えてもらった。算数は台湾電力の技師長《ぎしちょう》だった。英語は台湾大学の教授の奥さんで、どうしても寺子屋に来れないときは生徒が先生の家に押し掛けた。畳の上に座布団《ざぶとん》を敷《し》き、机を並べて教わることもあった。

その様子は、まさに寺子屋そのものであった。

こんな風景は、戦後日本の各所で見られたのかもしれない。そこには、押しつけられた形式的な教育とは別ものの教育があった。

加藤隼戦闘隊《かとうはやぶさせんとうたい》の生き残り

昌之は台湾で、学問ばかりではなくいろんな生きざまを多くの人から学んだ。その一人に加藤隼《はやぶさ》戦闘隊の生き残り士官《しかん》がいた。台湾人で許《きょ》先生といった。実は、この先生が昌之の飛行機狂《くる》いに火を付けたのである。

昌之は小さいころから飛行機が好きで、雑誌の付録《ふろく》を基にして飛行機の模型《もけい》を作っていた。小学校2、3年生だったが、間もなく終戦となりしばらく飛行機から遠ざかっていた。許先生と出会ったのは戦争に敗けた翌年だ。

先生は戦闘機の操縦士《そうじゅうし》で、しかも日本陸軍が誇《ほこ》る一式戦闘機《いっしきせんとうき》の操縦士だった。そのころ、戦闘機のことをだれ言うともなく〝隼《はやぶさ》〟と呼ぶようになったが、隼は昔鷹《たか》狩りで用いたハヤブサのことで、鷹の仲間であるが、鷹匠《たかじょう》と一体になって戦う姿はまさに戦闘機そのものであった。一式戦闘機に「隼」という愛称が付いたのはしばらく後のことである。

もう少し余談を続けると、当時の日本の軍隊は陸軍と海軍のみで空軍というのはなく、陸海軍がそれぞれ航空部隊を持っていた。有名な「零戦《ぜろせん》」は海軍航空部隊の主力戦闘機であり、「隼《はやぶさ》」は陸軍航空部隊の主力戦闘機であった。その陸軍航空部隊に、加藤建夫《たてお》中佐が率《ひき》いる「飛行第六十四戦隊」があり、華々《はなばな》しい戦果をあげて名を馳《は》せ、「加藤隼戦闘隊」という愛称を頂《いただ》き、映画まで作られたのである。

加藤隼戦闘隊は、終戦の日をフランス領インドシナ（現在のベトナム、ラオス、カンボジア）で迎えた。このとき保有していた戦闘機は十八機だけだったという。残った隊員は僅《わず》かで、それまでに二百人近い士官が戦死してしまった。冒頭で述べた生き残り士官というのはべトナムで終戦を迎えて台湾に帰還した人だろう。

許先生は、生き残って台湾に復員し、台湾工業専門学校の先生となった。学校のすぐ側に幅3間《けん》ほどの川が流れていて、昌之は近所の子供たちとその川でよく釣りをしていた。許先生もときどき、学校の壊《こわ》れた塀を乗り越えて釣りに来ていたが……、

「何が釣れた？」と魚籠《びく》を覗《のぞ》き込んで、

「大きいね」

と声を掛《か》けてくれた。

やがて一緒に釣りを楽しんだ。ときには……、

「餌《えさ》はこう付けるんだ」とか、

「魚はこういうところにいるんだ」

などと教えてくれた。

彼の服装は、将校の軍服に半長靴《はんちょうか》、飛行帽を被《かぶ》って背筋を伸ばし、だれが見ても陸軍将校だった。名前は台湾人だが、歯切れのいい日本語、規律正しい行動は日本人以上に日本人だった。あるとき……、

「研究室に来なさい」

というので、釣り竿《ざお》を持ったまま川から真っすぐ校舎に向かい、塀を乗り越えて研究室の窓を開けてよじ登り部屋の中へ入った。そこで昌之が見たものはなんと、ずらり並んだ飛行機の模型だった。模型と言ってもただの模型ではない。バルサという軟《やわ》らかい木を使って作ったグライダーだった。先生は大抵《たいてい》グライダーを作っていた。

「こうやって飛ばすんだ」

グライダーの機首《きしゅ》の下には小さいフックが付いていて、そこにゴムを引っ掛けて左手で持つ。尾翼《びよく》の下を右手の親指と人差し指で掴《つか》みぎゅーと引っ張る。大きな翼は少し波打つが、掴《つか》んだ指を離すと、シューという音を立てて物凄《ものすご》い勢いで飛んでいった。やがて先生は何気《なにげ》なく、昌之に「飛行機作りを教えてやる」と言った。

「こうやって作るんだ」

と言いながら、切りだしナイフを取り出して昌之に渡し、バルサの削《けず》り方を教え始めた。翼は特に精密《せいみつ》に作らなければならない。昌之は一生懸命に削った。仕上げはサンドペーパーだが、その前に軽石のようなものを使って形を整えながら磨《みが》き込んでいった。昌之はついにグライダーを作り上げた。数年前に作った飛行機はただの置物《おきもの》だったが、今度は違う。

「飛ぶぞ」

と思うと少年ながら興奮《こうふん》した。工業学校の校庭に出てゴムを引き、浮雲に向かって指を離すと、昌之のグライダーは先生のグライダーが発した〝シュー〟という音と同じ音を発して飛び立った。昌之の目は、大空を睨《にら》んで潤《うる》んでしまったのである。

昌之は、これを機会に許先生の研究室を度々訪れた。しかし、ドアを開けて入ったことは一度もない。窓を開けて先生に声をかけ、「入れ」という返事をもらってよじ登る。

先生はそれを、昌之にだけは許したのである。加藤隼戦闘隊の勇士に会って、飛行機の話を聞き、バルサを貰《もら》って機体《きたい》を切り出し、出来上がれば工業学校の校庭で飛ばす。これほど幸せな時間が他にあるだろうか。昌之はのめり込んだ。それにしても、許先生はなぜそこまで昌之に愛情を注《そそ》いだのであろうか。

許先生はあるとき、昌之と一緒に「加藤隼戦闘隊」の歌を歌った。

子供の肩をしっかり抱《いだ》いて……、

「エンジンの音　轟々《ごうごう》と　隼《はやぶさ》は征《い》く　雲の果て……」

と歌うのである。その後で先生は、加藤隼戦闘隊の話をしてくれた。先生は隊長と隊員を尊敬し神様の如《ごと》く崇《あが》めていた。研究室の壁には、日の丸の鉢巻《はちま》き、航空服が掛《か》かっていた。今になってみると、許先生は「本当に台湾の人ですか」と聞いてみたくなるほどの人だった。さらに先生は、作ったバルサの飛行機を天井からぶら下げて……、

「これは死んだ仲間に……、せめてもの……」

と言った。はっきり聞き取れなかったが、生き残ったことに負《お》い目を感じているような言葉を発した。飛行機の大好きな昌之少年に何かを託《たく》していたのではないだろうか。それが何だったのか今はもう分からない。戦争が終わって21、2年たったとき、昌之は許先生と銀座で会った。隼の操縦士だった許先生は、そのとき鰻《うなぎ》の稚魚《ちぎょ》を日本へ空輸する仕事に従

事していた。話題は専《もっぱ》らバルサのグライダーで、戦争の話は出なかった。ただ、背筋《せすじ》がピンと伸びた許先生には飛行士の面影がはっきりと残っていた。

遊びと冒険の世界

昌之は、寺子屋の勉強も熱心だったが、とにかく毎日よく遊んだ。

「ピッチャーがボールを投げる……、バッターはピッチャーのボールをバットで打つんだよ。バットにボールが当たったら、一塁に走るんだ」

日本人が国に引き上げていくと、級友たちはどんどん少なくなってしまったから、大陸からきた中国人の子供たちを相手にして野球を教えた。昌之の家の庭にはテニスコートがあって、そこで三角ベースの野球を教えた。言葉も分からないのだが、ちょっと教えるとたちまちやり方を覚えて、夢中になって昌之の後を追い掛《か》けた。

彼らは野球が大好きだということを知った。

次から次というのは遊びの方程式だ。あれをやっていたかと思うと次にはこれをやっている。別に、飽《あ》きたから次の遊び……、というのではない。昌之が、

「次はガジュマルだ！」

といえば、家を飛び出して大学の原っぱに走っていく。寺子屋のある台湾大学の周りには大きなガジュマルの樹があり､子供たちの遊びのターゲットだ。ガジュマルというのはオーストラリアに原生《げんせい》する熱帯の樹木で、台湾や中国南部、沖縄でもみられる。

ガジュマルの樹は幹《みき》が分岐《ぶんき》して成長する。その幹からは、褐色《かっしょく》の気根《きこん》が生《は》えて地面に垂《た》れてくる。昌之らは地面を這《は》っている蔦《つた》を切り取ってきて、手ごろなガジュマルの気根に結びつける。

「ハンモックを作れ！」

というわけで、まさにトムソーヤの冒険が始まるのである。ハンモック作りは共同作業である。一人が力を抜いて作業をすればたちまち危険が待っている。子供たちは全力を投入してハンモックを編み上げる。次は……、

「水牛だ！」

昌之は、川の中に身体を沈め背中だけを出している水牛の群れを指差した。「水牛の背中を渡って、向こう岸まで行こう」というのだ。仲間に声を掛けるがみんなビビッて動かない。

「チェッ、勇気がないな、俺はやるぜ」

言うが早いか、トントントンと水牛の背中を渡り始めた。三頭まできて足を滑《すべ》らせて川に落っこった。みんなそれを見て大笑いだ。すぶぬれの昌之も一緒に大声で笑う。笑いながらも昌之の勇気を、

「えらいなあ」

とみんなが讃《たた》えた。

遊ぶことにかけて、昌之は工夫と度胸を持っていた。一見無謀《むぼう》と思われる冒険にも、彼なりの計算があった。だから子供たちも安心してついて回ったのであろう。言葉も通じない彼の地《かち》で、遊びだけで交流したのである。

「国籍が違い、価値観が違い、文化が違っても、人間はそんなに変わらない。日本人同士であっても、お互いに個性があり、差異があるではないか。それと同じくらいの違いでしかない」

後年、昌之はビジネスをグローバルに展開する際、常にこのようにスピーチしている。この思想の根幹《こんかん》は、台湾で過ごした子供時代に培《つちか》われたものである。

確かに、昌之は台湾で一生忘れることのできないショックを受けた。それはすでに述べたが、それを打ち消すほどの楽しい思い出も作ることができた。それは、子供たちの仲間がすばらしかったからだし、家族の絆《きずな》が強かったからだ。日本という国の偉大な側面を存分に直視することもできた。台湾で終戦を迎えなかったらそれもなかったであろう。昌之はしみじみとそう言う。

台湾の食文化

高砂族《たかさごぞく》の若い兵士から蛇《へび》の獲《と》り方、食い方について教わった話をしたが、これは食文化というより山野《さんや》を我が家として生きる民族の話だった。そこで昌之に、日本と台湾の違いを問うとやっぱり……、

「食文化だね」

と答えるのである。そこで出た話が、台湾の正月の出来事である。

台湾のお正月は二月で、いわゆる旧正月だ。街では爆竹《ばくちく》の音が鳴り響《ひび》き、各家庭では盛大に祝宴が執《と》り行われた。岡田家は毎年、正月には李阿青《リアセイ》の招待《しょうたい》を受けるのが習《なら》わしだった。

李阿青というのは、この本の最初に昌之の守役《もりやく》として紹介したが、岡田家の小使いさんだった。更《さら》に、静雄の会社の社員でもあり岡田家が日本に引き上げるときには、会社を任《まか》せて台湾を離れたのだから、家族の一員のような人だ。

李阿青の家は、台湾では裕福《ゆうふく》な家庭のほうだった。下町にある彼の家は、大きな広い中庭を囲んでコの字型に家々が建ち並び、親戚《しんせき》一同が大家族で住んでいた。祝賀《しゅくが》ともなると、中庭には20基ほどの丸テーブルが並べられ、一族が勢揃《せいぞろ》いして大宴会となった。

「さあ、どうぞ、どうぞ」

李阿青に案内されたテーブルは、中庭の中央に位置した主賓《しゅひん》の席で、背後には儒教《じゅきょう》の神を祭《まつ》る祭壇があり、孔子《こうし》様と思われる立派な髭《ひげ》の聖人《せいじん》が祭《まつ》られていた。祭壇の長押《なげし》と両脇の壁には、朱色《しゅいろ》の板に正月を祝う金色の文字が書かれて掛けてあった。

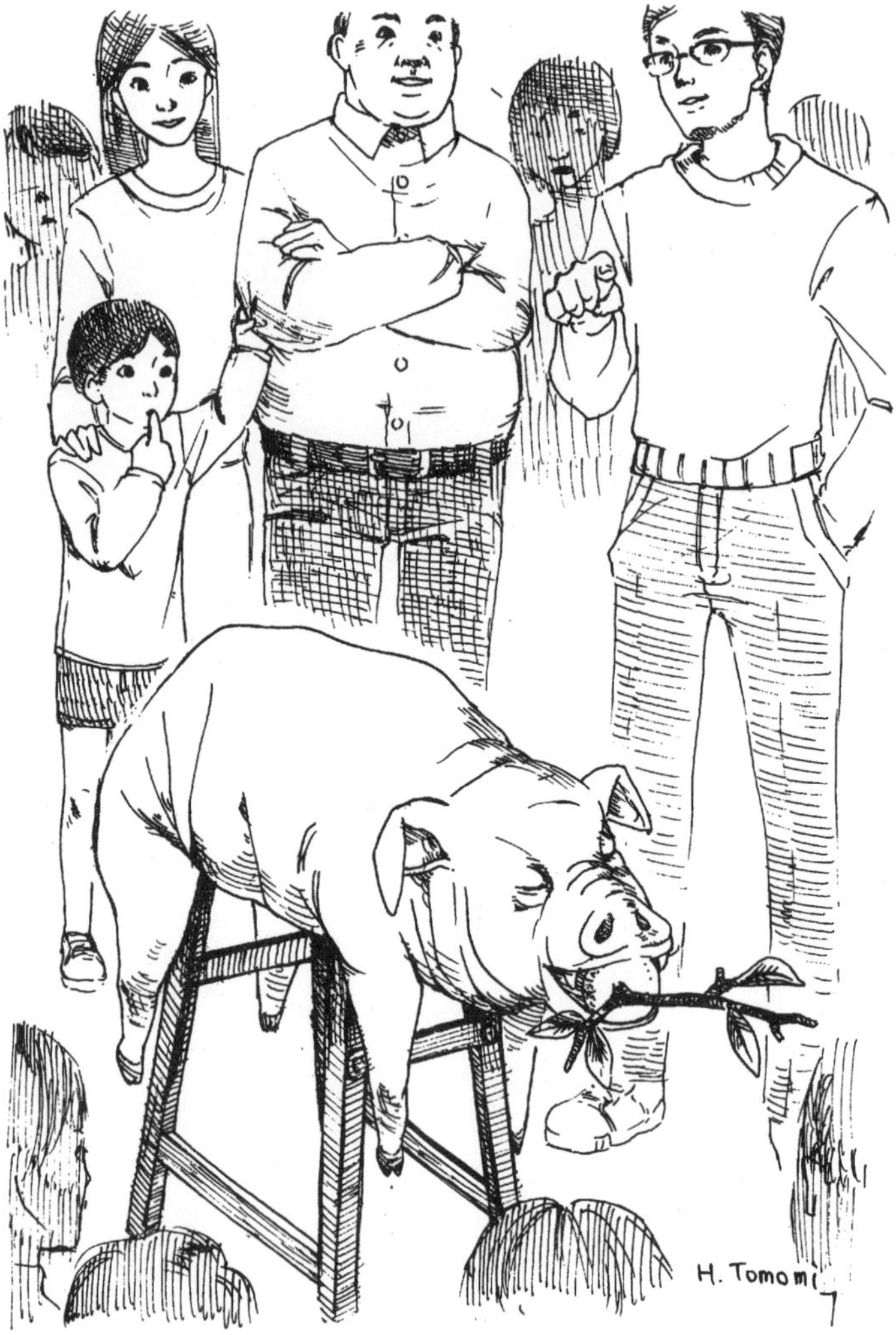

お披露目された豚

やがて、腹を割《さ》かれ、毛をすべてむしられ、口にブンタンを銜《くわ》えさせられた大きな豚が台に乗って披露《ひろう》された。その年、最もよく育った豚をこれから料理するというデモンストレーションだった。

「うまそうだな」

と昌之は思った。毛をむしられ、丸裸にされた豚を見せられると、大抵《たいてい》の日本人は嫌な顔をする。目を背《そむ》けてしまう女性も多いことだろう。しかし台湾人は「うまそうだ」と思う。これが食文化の違いだ。

「うまそうだな」と感じた昌之は、幼少の頃から台湾に住んでいたから、日本人でありながら台湾の文化にも通じている多国籍人《たこくせきじん》といってもいい程である。

お客さまにお披露目《ひろめ》された豚は、調理場に担《かつ》ぎ込まれて解体され、煮たり焼いたり蒸されたり、調理人は日頃の腕を振《ふ》るって、何十枚もの皿に盛り付けて食卓に並べた。

昌之はその日、

「豚というものは、こんなにも旨《うま》いものなのか」

と感じ入った。

それにもう一つ。日本にはない台湾の食文化を目撃《もくげき》した。

それは鳩《はと》のスープだ。

李阿青の家には、大きな陶磁器製《とうじきせい》の器《うつわ》があって、スープを入れる器らしくゆらゆらと湯《ゆ》気《げ》が立ち上《のぼ》っていた。器の中を覗《のぞ》くと、なんと鳩が二羽泳いでいた。

「そんなはずはない」

と昌之はさらに顔を寄せて凝視《ぎょうし》すると、紛《まぎ》れもなく鳩だ。毛をむしられた裸の鳩が二羽、頭を寄せ合って泳ぐように浮いている。目もはっきりと見開いてこっちを睨《にら》んでいるように見えた。

李阿青が箸《はし》でつつくと、鳩の身体がぱらりと解《ほぐ》れた。その頭の部分をまずお客さまに取り分けて、スープをたっぷり汲《く》み取って差し出す。これが台湾の宴席《えんせき》の習《なら》わしで、昌之もご馳走《ちそう》になった。これがまた……、

「とても旨い」という。

今でも昌之は、公園の鳩を見ると、

「丸々と太って旨そうだ」

と思ってしまう。

「お前たちは日本に生まれて幸せだ」

「もし台湾ならすぐに食われてしまうよ」

と心の中で声を掛けるのである。

豚足《とんそく》が大好き

昌之は、幼少時を台湾で過ごし、台湾の食物に馴《な》れ親しんだ。だから今でも豚《ぶた》料理、特に豚足《とんそく》が大好きだという。同僚との飲み会で、台湾料理の話になると……、

「豚足の煮方《にかた》にもいろいろある」

と始まるのである。

台湾では、家庭、家庭で違うのが豚足料理だ。大抵は醤油《しょうゆ》味なのだが、少しずつ違う。ことことぐつぐつ長い時間を掛けて煮ている。昌之はその暖かさや匂い、そこから思い浮かぶ美味《おい》しい味、その空間が好きだった。友達の家に行くと、

「上がれ」

といわれて……、

豚足をご馳走してもらった。

どの家庭の味も個性的で非常に旨《うま》かった。もう一つ、豚足には腱《けん》というか、筋《すじ》というか……、（アキレス腱というのが正しいかもしれないが）、それを抜き取って別に料理することもある。台湾の料理は薬膳《やくぜん》料理が原点で、日常から薬の効用を考えて料理を食べるという文化だ。腱は所謂《いわゆる》漢方薬《かんぽうやく》の材料となっていて、腱を抜き取って薬として商売する者もいる。

腱を抜かれた豚足は価値がなく、腱が入っている豚足こそ最高の豚足なのだが、台湾のお店では、大抵は腱が抜かれている。そんなこと、日本人は知らないものだから、美味しい、美味しいと言って食べている。

日本にある台湾料理の店で、腱がちゃんと付いている豚足を出してくれるところがあるという。この店の豚足も旨いが……、

「豚の皮が絶品だ」という。

豚の皮はとても厚い。三枚肉といって、脂、肉、皮が三層になっていて、この三層の……、特に皮の部分を鼈甲《べっこう》色になるまで煮込むのである。これがまた……、

「豚足に次ぐ旨さがあってね……」

といった調子で、昌之の話は止まらなくなるのである。

もう少し台湾料理の話を続けよう。昌之は日本に戻って20、30年経っても、豚足の味が忘れられなかった。ＩＴ企業が順調に拡大し、株式の上場を狙《ねら》うまでになっても、相変わらず好きなものは豚足だった。昌之の豚足好きは本物だった。帰宅途中に、下車駅の側《そば》の屋台に入るのが常だった。その屋台で昌之は、ビールジョッキを持って、にんまりして……、

ビール、豚足の屋台

「そこの豚足が実に旨かった」という。

大会社の社長が、会社帰りに屋台に入って、ビールを飲んで豚足をつつく姿は、もしかして絵になるかもしれない。そのとき、昌之は会社の経営について次の手を考えていたかもしれない。娘《むすめ》どものことを心配していたかもしれない。いやいや、妻《つま》の描《か》く絵が「わかんねえな」と悩《なや》んでいたかもしれない。しかし本当のところは、台湾の家の屋根、防空壕《ぼうくうごう》、飛行機作り、三角ベースの野球、などなど少年時代の風景に思いを巡《めぐ》らせていたのである。

李登輝《リトウキ》と李阿青《リアセイ》

昌之は、4歳のとき父親、母親に連れられて第二次世界大戦の前夜、台湾に渡った。そこで終戦を迎え、そのまま4年間残留《ざんりゅう》した。学校らしい学校もなく、寺子屋で勉強して多感な少年時代を過ごしたのだから、台湾の人や文化を忘れるはずがない。

しかも父親・静雄には台湾のファミリーがあった。まず、小使いさんの李阿青《りあせい》だが、静雄ははじめから李阿青を自分の後継者《こうけい》と決めていたようだ。日本人の社長が、自分の会社を台湾人に継《つ》がせるなどちょっと考えられないことである。しかし、静雄は冷静に人を見た。人種を見たのではない。経営について時間を掛《か》けて教え込んだ。だから、静雄が出征《しゅっせい》して家を留守にしたときは、李阿青が会社を切り盛りしてくれたのである。

時間を掛けて仕込んだ李阿青は、岡田家が日本に帰るときには堂々《どうどう》たる経営者の風貌《ふうぼう》となり、静雄は安心して会社を李阿青に譲《ゆず》った。静雄の会社を引き継いだ李阿青は、後に実業家として大成功し、台湾の大企業連合会の会長にもなった。

李阿青が台湾の実業界をリードし始めたのは1970年（昭和45年）代であるが、台北は水不足が続き、その解決のために、後の台湾総統《そうとう》・李登輝《リトウキ》が台北市長として登場した。李阿青が李登輝と頻繁《ひんぱん》に交流し始めたのはこのころからで、李阿青は静雄から譲り受けた利水会社《りすいがいしゃ》のノウハウを持って李登輝に近付いたと思われる。

李登輝は、そもそも台湾の将来は農業に掛《か》かっていると考えていたから、水の専門企業である李阿青とは意見が一致して信頼関係が出来上《できあ》がった。それに、両名とも日本との関わりが深かった。李登輝は知ってのとおり京都大学で農業を勉強していたし、李阿青は岡田家で小使いさんを勤《つと》め、やがて社長の岡田静雄から企業を任《まか》されることとなったのである。二人とも日本と親密であり、しかも片《かた》や「水と農業」の政治家、一方は「利水のコンサルタント」であるから人を介《かい》することもなく相《あ》い通《つう》じた。

李登輝は、台北の水不足を解消するためにはどうしても貯水池《ちょすいち》が必要だと思い、台北の水瓶《みずがめ》といわれる「翡翠《ひすい》ダム」の建設に着手《ちゃくしゅ》した。

李阿青の存在はますます重要となった。

台湾でダムといえば、台南の烏山頭水庫《うざんとうすいこ》が余りにも有名で、この大工事をやり遂《と》げたのが八田與一《はったよいち》という日本人だと聞けば、一度は烏山頭《うざんとう》を訪れてみようという気になるだろう。李登輝は、総裁《そうさい》を辞めてから、八田與一の生れ故郷である金沢を訪れて講演したとき、「台湾に寄与《きよ》した日本人は誰かと聞かれたら迷《まよ》わず、嘉南大用水路《かなんだいようすいろ》を作り上げた八田技師を挙《あ》げるだろう」と話している。

烏山頭にある八田與一座像

日本統治下の台湾では、農業、教育、医療、法整備《ほうせいび》など各分野で多くの日本人が献身的《けんしんてき》に働いた。静雄もその一人であるが、だれもが台湾を良くしたいという一念《いちねん》で動き回ったし、日本政府も巨額の資金を投入した。その結果、例えば官田渓《かんでんけい》の水を堰《せ》き止めて作った烏山頭水庫、そこから取水《しゅすい》して嘉南《かなん》平野に水を行《ゆ》き渡らせた嘉南大圳《かなんだいしゅう》は台湾の農業に限りない貢献《こうけん》をした。

静雄の思いは成就《じょうじゅ》した

昌之の父・静雄は、終戦とともに引き上げる日本人とは別に、4年間台湾に残留した。国民党政府の強い要請《ようせい》にもよるが……、静雄にとって台湾は「第二の祖国」だったからである。台湾にとって水は大切な資源であり、使い方で金《きん》よりも価値があると感じていた。そしてなによりも静雄にとって……、台湾は「第二の祖国」、いやそれ以上の国だったのではないだろうか。

会社を李阿青《リアセイ》に譲《ゆず》って日本に引き上げた静雄は、台湾から伝わるニュースや人の話で、李阿青が台北市長の李登輝《リトウキ》と一緒になって水不足を解消し、農業を柱《はしら》とする国造《づく》りに尽《じん》力《りょく》していることを知り、台湾への思いが幾分《いくぶん》なりとも成就《じょうじゅ》したと思った。昌之はそういう父親を見て、自分自身も父に負けないくらい台湾が好きだと思った。

静雄は人一倍働きもので、調査やメンテナンスといっては出張に出掛けた。今にして思えば、静雄がときどき昌之を連れて台湾を旅行したのは、第二の祖国を昌之に見せておこうと思ったからだと感じる。ところが昌之は、この小旅行が楽しくて……、

「行くぞ」

と静雄から声が掛かると、その晩は、あれやこれや旅行先の風景が頭に浮かんでなかなか眠れなかった。楽しさは的中した。景色や食物だけではない、父・静雄の仕事ぶりをじっと見ていると、なんだか胸がわくわくして……、

「凄《すご》い」

と小さい声で叫んでしまった。ダムの水を取って水質を調査し、やがて堰《いせき》を上げて放水する。ダムから流れ出した水がどんな状態で取水口《しゅすいこう》に達するか。静雄の指揮で調査が始まると、担当する技術者はそれぞれ緊張《きんちょう》の面持《おもも》ちで作業を進め、記録を取る。下流の各ポイントから報告が入り始めると、静雄は手際《てぎわ》よく次の指示を与える。昌之は父を頼もしく感じた。

こんな毎日が過ぎ行く中で、静雄は昌之の進学《しんがく》のことを考え始めた。このまま台湾にいることがいいのか悪いのか、考えれば考えるほど迷ってしまった。結論を出さなければならなかった。その結果……、

「帰国したい」

と国民党政府に告げた。政府からは、「あなたはこの国にとって必要な人だ、なんとか思い止《とど》まってくれ。士林《シリン》にある山を二つ差し上げるから残ってくれないか」と三顧《さんこ》の礼《れい》をもって慰留《いりゅう》された。しかし、静雄は頑固《がんこ》な人で、一度決めたら動かない。政府の申し出を静か

に断った。

帰国を決めた

こうして、岡田家の日本帰国は決まった。昭和15年に台湾に渡り、昭和24年に帰国するまで約9年間、台湾を祖国として生きてきた岡田家であるが、帰国が決まると早くも国民党政府の役人が家屋敷《いえやしき》を接収《せっしゅう》するために下調べに来た。

昌之の母・泰子は、このときも堂々《どうどう》たる態度で政府の役人を案内した。泰子に掛《か》かると立場がたちまち逆になってしまって、役人は泰子にペコペコ頭を下げ、「これは何だ、どうやって使うのか」と教えてもらっていた。彼らが帰った後で、「何を聞かれていたの?」と聞くと……、

「水道を知らないのよ」という。

下見《したみ》に来た役人は、水道というものを知らなかったらしい。泰子が蛇口《じゃぐち》をひねって水を出して見せると、驚いて……、

「自来水《じらいすい》だ」と大喜びだった。

その晩、岡田家の夕食では水道の話で持ちきりとなった。自来水《じらいすい》という言葉が本当にあるかどうか分《わ》からないが、なかなかうまい表現だと家中が盛り上がった。そしてもう一つ、岡田家のお宝《たから》について泰子の話が始まった。それはなんと麻雀牌《まーじゃんぱい》の話だ。

接収の役人に付いて来た国府軍の兵士が、床の間の違《ちが》い棚《だな》に置いてあった皮のケースに目をやった。静雄が大事にしていた象牙《ぞうげ》の麻雀牌《まーじゃんぱい》だ。ピカピカの鞄《かばん》を開けると、紺《こん》のビロードケースに竹の背張《せばり》で仕上げた麻雀牌が詰《つ》め込《こ》まれていた。中仕切《なかじき》りのケースにはピカピカの象牙の点棒《てんぼう》と、小さくもないどっしりとした賽子《さいころ》が4個入っていた。

静雄は麻雀《まーじゃん》を一切《いっさい》やらない。好奇心旺盛《こうきしんおうせい》な昌之は、ときどき鞄を開けて中をチェックした。裏返《うらがえ》して見てみると……、

「綺麗《きれい》だな」と、思わず見惚《みと》れてしまった。

精緻《せいち》に彫《ほ》り込まれた花牌《はなぱい》は、麻雀を知らない人が見ても、これはさぞ名のある人の作品だろうと感じるほど綺麗だった。この麻雀牌はいつともなく、岡田家の貴重品、家宝《かほう》として床の間に飾るようになった。それを兵士が見付けて、わが物にしようと思ったのかもしれない。しかし、岡田家は特別な家だったから、掠奪《りゃくだつ》などできるはずもなく、それから数日後、兵士が……、

「牌《ぱい》を貸してくれ」と言ってきた。

静雄は快《こころよ》く麻雀牌を兵士に貸した。数日して、兵士が牌を返しに来た。みんなでこれを使ったんだろうと思って鞄を開けると、牌がやたらと汚くなっている。手垢《てあか》がベタッとついている。それも鼠色《ねずみいろ》の手垢《てあか》だった。泰子は水道の水で牌を洗った……、が、落ちない。余程《よほど》汚い指で盲牌《もうぱい》したのだろう。牌の彫りが手垢で見えなくなっていた。

泰子は、着物の衿《えり》を拭《ふ》くベンジンを出してきて、一つ一つ丁寧《ていねい》に拭き取った。麻雀をやっ

たのは、将校クラスの人だったらしいが、どうしてこんなに汚れたんだろうか、しばらく疑問は残ったが、静雄も昌之も麻雀をやらないし賭事《かけごと》には一切興味がなかったから、いつの間にか忘れてしまった。

帰国の荷造り、米、砂糖頼む

国民政府は、岡田家の帰国を渋々《しぶしぶ》認め、接収《せっしゅう》の下調べを始めた。この仕事が一段落すると、いよいよ引き上げの準備に取《と》り掛かった。政府から「基隆《キールン》に集結し、船舶《せんぱく》が到着《とうちゃく》次第出《しゅっ》航《こう》する」との通知が入り、昭和24年7月中旬の帰国が確定した。

基隆《キールン》は、台北から北へ約50キロほど行った台湾最北端の港である。岡田家にとって忘れることのできない港となった。静雄は、さっそく日本の親戚に向けて電報を打った。

「キコクスル、ナナガツナカ、サセホチャク」

間もなく、親戚の人たちから祝電が届いた。引き上げを喜ぶ電報の末尾《まつび》に…、

「コメ、サトウ、タノム」

と記《しる》されていた。「米と砂糖を買い込んできてほしい」と解釈《かいしゃく》したが、台湾での生活に慣《な》れ親しんだ静雄と泰子は、「日本はそんなに食糧事情が悪いのか」と驚くやら心配するやらで、その晩はすっかり荷造《にづく》りの作戦会議となってしまった。

終戦直後に引き上げた日本人は、まさに着《き》の身着《みき》のままで逃げるように帰国したのであるが、蔣介石《しょうかいせき》政府の要請《ようせい》で帰国を延《の》ばしたものたちに対しては、国造《くにづく》りに協力したという気持ちからだろう、持ち帰り荷物は……、

「一人当たり行李《こうり》を4個まで認める」

とのお達しがあった。その上、一人につき千円の帰国準備金が支給《しきゅう》された。これでまた、大忙《おおいそが》しとなってしまった。

台湾の美味《おい》しい蓬莱米《ほうらいまい》と砂糖を買い集め、着物や洋服の間にそれらを隠し入れた。
荷造りしながら、静雄と泰子は……、

「そんなに酷《ひど》いのかね」
「捕《つか》まったらどうするの」

と低い声で会話していた。静雄は、台湾行きを決め、台湾で力を尽《つ》くしたという満足感でいっぱいだった。泰子は日本への引き上げを心から喜んだ。静雄の言われるままに台湾に渡った泰子は、態度には出さないものの、いつも日本が恋しかったに違いない。だから、行李に荷物を詰め込む手は軽《かろ》やかだった。

このとき、昌之は中学2年生で多情多感《たじょうたかん》な少年時代を生きていた。日本に帰ると聞いて胸踊《おど》った。まだ見ぬ少年たちの顔を、それからそれと思い描《えが》いた。しかし昌之には、引き上げを手放しで喜べない事情があったのである。
戦後の台湾には、子供たちが少なく学校は閉鎖《へいさ》され、有志《ゆうし》が集まって寺子屋を作った。正式の名称は、校長先生の命名で「子女教育班《しじょきょういくはん》」といったが、昌之には同年の仲間が5人いた。いつも一緒に遊び回る仲のいい友達だった。5人のうち、昌之を含めて4人は今

回引き上げることになったが、一人だけ台湾に残ることになってしまった。その理由は窺《うかが》い知るところではないが、彼は…、

「なぜ、俺だけ日本に帰れないんだ」

と慟哭《どうこく》した。昌之は、いつも遊びのリーダー格《かく》で、仲間を思う気持ちが人一倍強かったから、仲間は昌之を信頼し黙《だま》って付いてきた。日本に帰ることは嬉《うれ》しいことではあるが、残される仲間のことを思うと複雑で、ただ嬉しいだけではなく後ろめたい気持ちになった。しかし、慰《なぐ》める言葉もないまま時間は過ぎた。

昌之の家族は父親以下5人で、決められた行李の数は20個であった。いろんな物をぎっしり詰め込んだ行李に麻縄《あさなわ》を掛け、足を使ってぎゅうと結ぶ。母親・泰子の手際《てぎわ》があまりにも見事《みごと》なので、昌之はしばらく見惚《みと》れてしまった。昌之は、もう中学2年生となっていたから、力仕事でも大いに役に立った。玄関先《げんかんさき》に20個の行李を積《つ》み上げたところへ、静雄の帰国を見送る人が集まり、荷物を運ぶトラックが横付けされた。静雄が特に手を回したわけでもないのに、行李はどんどん荷台に運ばれた。

トラックの向《む》かう先は、台湾の最北端《さいほくたん》、基隆《キールン》の港である。泰子は昌之を運転台に乗せようとしたが、昌之は荷台に積まれた行李の上に陣取《じんど》った。

台湾の風を全身で感じようと思った。

基隆に集まった引き上げ家族は20家族ほどだった。子女教育班で勉強を教えてくれた大学教授の奥さんや、台湾電力の技師長もいた。各々《おのおの》は、日本の地へ思いを馳《は》せ、収容所《しゅうようじょ》（こう呼ばれていた）はなぜか活気に満《み》ち溢《あふ》れていた。

引き上げ船、日本丸

海外の在留邦人《ざいりゅうほうじん》を祖国《そこく》日本へ運ぶ船舶《せんぱく》は「復員船《ふくいんせん》」と呼ばれた。なんと暗い響《ひび》きであろうか。基隆《キールン》の収容所では、復員船の到着を80人ほどの日本人が待っていた。しかし、引き上げ船が「日本丸」と聞いて、みんな暗い気持ちも吹き飛んだ。

日本丸は昭和3年（1928年）に国家プロジェクトで建造《けんぞう》された航海《こうかい》練習用帆船《はんせん》で、総帆展帆《そうはんてんぱん》したときの美しさは海に浮かぶ貴婦人《きふじん》のようだと言われた。記憶を辿《たど》りながら、もう少し日本丸について述《の》べよう。

総トン数は2278トン、
全長97メートル、
全幅13メートル、
メインマスト高46メートル、
吃水《きっすい》平均5・3メートル
総帆《はん》数29枚
ディーゼル機関による機走も可能
定員138人

実はこの日本丸、昭和59年（1984年）に引退して、現在は横浜のメモリアルパークで展示公開《てんじこうかい》されている。

日本丸

さて、この日本丸だが、戦時中は瀬戸内海などで石炭を運ぶ輸送船として働いた。そのため帆《はん》装が取り外《はず》され、昭和25年（1950年）に始まった朝鮮戦争でも活躍し、昭和27年（1952年）に再《ふたた》び帆装が取り付けられた。

そんなわけだから、岡田一家が収容所《しゅうようじょ》で待っていた日本丸は優雅《ゆうが》な帆船《はんせん》ではなかった。しかも、商船《しょうせん》学校の遠洋研修が第一の目的で、その途中で台湾に寄港《きこう》し、ついでに引き上げ家族を乗せて日本に戻《もど》るというのだから、物見遊山《ものみゆさん》の船旅《ふなたび》どころではなかったのである。

船腹《せんぷく》には引き上げ船を示す赤十字《せきじゅうじ》のマークが描《えが》かれ、メインマストに赤十字の旗《はた》が翻《ひるがえ》っていた。

数日して、いよいよ日本丸が基隆《キールン》港の桟橋《さんばし》に近付いてきた。白色《はくしょく》だった船体は薄いグレーに変わり、甲板《かんぱん》に立つ4本のマストからは帆が取り外されて手持ち無沙汰《ぶさた》に見えた。それでも昌之は……、

大きな船で大海を渡る

そのことだけでわくわくした。

「昌之もずいぶん逞《たくま》しく育ってくれたわね」

母・泰子は、日本丸の船腹《せんぷく》に斜《なな》めに取り付けられたタラップを駈《か》け上がる昌之を見て、目を細めた。引き上げ家族の行李《こうり》は、研修船の補給荷物と一緒にクレーンで日本丸に積み込まれた。

船が出航《しゅっこう》すると、数時間でほとんどの人たちは船酔《よ》いに襲《おそ》われ、船倉《せんそう》に近い船室に閉《と》じこもった。昌之だけは一人元気で、研修生に混《ま》じって甲板《かんぱん》を走り回った。ときおり船室に戻ると、みんな声もなく、毛布を被《かぶ》ってごろごろ転がっていた。泰子も、昌之が甲板にいることはわかっていたが、部屋に入れとも言えず、元気なく「気を付けなさい」と言うだけだった。

それでも、時間になれば食事となる。船酔《よ》いの船客《せんきゃく》に食事はきついが、出された食事を見て、だれもが顔を見合わせた。麦飯《むぎめし》と沢庵《たくあん》と味噌《みそ》汁だけだ。それが食事のすべてだと知って……、

「台湾ではこんな粗末《そまつ》なご飯、見たことない」

と思わず洩《も》らしてしまう人もいた。静雄はこのときはじめて、日本からの電報の意味が理解できた。「お米と砂糖」という声が聞こえたような気がした。そして、行李に蓬莱米《ほうらいまい》と白砂糖をぎっしり詰《つ》め込《こ》んできてよかったと思った。

このころの日本は、依然《いぜん》として食糧難に喘《あえ》ぎ、復興《ふっこう》もままならず失業者が街に溢《あふ》れていた。お米は配給《はいきゅう》された分《ぶん》だけで生きなければならない。外の食堂でご飯を食べるときには、外食券というチケットがなければ米《こめ》の飯《めし》がでてこない。お金より外食券が偉《えら》かった時代である。そんな日本の事情を知らない静雄は、船酔《よ》いどころではないという気分になった。


昌之は毛布を抱《かか》えて、甲板で夜を過ごした。

夜空の星は、光を放って昌之の目を刺した。

これが空というものか。

星が降るとは聞いていたが、嘘《うそ》ではない。

それに、このそよ風はなんだ。

頬《ほお》を通り過ぎる心地《ここち》よい風というものがあることを知った。

昌之は甲板に立って天空を見つめ、「よし、明日はやるぞ」という気分になった。

台湾を出発して3日もすると、遥《はる》か彼方《かなた》に大きな島影が薄《うっす》らと見えてきた。島というより霞《かす》んで見える大陸《たいりく》であった。それが沖縄だった。

船上の出来事

昌之は、第二次世界大戦で沖縄の人たちがどれほど辛《つら》い目に遇《あ》ったか、筆舌《ひつぜつ》に尽《つ》し難《がた》い悲劇を知らなかった。ただ、台湾の海と違うなと感じた。沖縄の海はどこまでも青く輝いていた。手を差し出せば海の底に届くかと思われた。そんな思いに耽《ふけ》っていたとき、呼《よ》び子《こ》が鳴って甲板に研修生が集まった。生徒たちの遠泳訓練が始まるという。一列に並んだ生徒たちは沖縄に向かって、左舷《さげん》から一斉《いっせい》に海原《うなばら》に飛び込んだ。吃水《きっすい》5メートルの船端《ふなばた》から跳《は》ねるように群青《ぐんじょう》の海に飛び込んだのである。

波間に浮かぶ生徒たちの頭は、どんどん小さくなっていった。30分もすると、遠泳訓練の生徒たちは、空飛ぶ雁《がん》のように山となり鈎《かぎ》となって方向転換《てんかん》を始めた。船に戻るためにUターンを開始した。このとき……、

日本丸の船尾から褐色《かっしょく》の異物が海に流された。

その量たるや夥《おびただ》しいもので、風呂桶《おけ》一杯ほどはあったろう。昌之は、それが何であるかすぐ理解できた。異物はたちまち帯となって流れていった。

「大変だ！」

昌之は思わず声を発した。帯の流れる方向には波間《なみま》を漂《ただ》うように泳ぐ研修生の頭が見えた。潮の流れに乗った細い帯は、船に向かって泳いでくる研修生を遮《さえぎ》るようにうねうねと曲線を描いた。研修生は、異物の帯を知ってか知らずかただ黙々《もくもく》と泳いできた。帯は間もなく彼らの行く手を遮《さえぎ》るように、数十メートルのところに迫《せま》った。そのとき……、

「潜《もぐ》れ！」

と声が掛かったようだ。研修生は帯の数メートル手前で次々に海面《うなも》から頭を消した。彼らには慌《あわ》てる様子も危機感《ききかん》も見られなかった。およそ20メートルほど潜水《せんすい》し、頭を水面に出した研修生は何事もなかったように船に戻ってきた。昌之は、さすが商船学校の若者だと感心して、点呼を受ける研修生をただ憧憬《しょうけい》の眼差《まなざ》しで見つめていた。

「おれも飛ぶぞ」

遠泳訓練を見た昌之は、「おれも飛ぶぞ」といいながら船首に向かって走った。舳先《へさき》に立つと、海は遥《はる》か下に見えた。船腹《せんぷく》に当たって砕《くだ》ける波は飛沫《しぶき》となって散った。昌之は遥か下方《かほう》の飛沫《しぶき》をめがけて海に飛び込んだ。波間に顔を出すと、不思議なことに泳ぐまでもなく波が優しく昌之を船腹に引き寄せた。舷側《げんそく》のタラップに掴《つか》まって甲板に戻ると、また舳先《へさき》に走っていった。

甲板には、マストの上で見張りをする者の他数人の研修生がいたが、昌之を制止《せいし》する者《もの》はいなかった。昌之の仲間は他に3人いたはずだが、甲板で走り回っていたのは昌之だけだった。商船学校の教官は、船酔いしない昌之を見て、「船乗りになるのか?」と冷《ひ》やかした。昌之はそれを受けて、教官に「マストに登りたい」と申し出たところ、さすがに「ダメだ」と言下《げんか》に却下《きゃっか》された。

日本丸には4本のマストが立ち並び、メインマストは46メートル、総帆展帆《そうはんてんぱん》となると29枚の帆が開くと聞いてさぞかし壮観《そうかん》だろうと想像した。しかしこのとき、日本丸は任務遂《にんむすい》行《こう》のために常時《じょうじ》帆《ほ》を下ろしていたので、研修生は教官の号令に従って帆を畳《たた》む、張《は》るの訓練を繰り返すだけだった。後日、昌之は日本丸を思い出して……、

「よくもあんな高いところから飛び込んだもんだ」

と述懐《じゅっかい》した。恐さよりも冒険心が勝っていたのであろう。祖国に向かう引き上げ船の甲板から大海原《おおうなばら》に飛び込む瞬間の気持ちは、昌之のその後のビジネスに多大な影響を与えて余《あま》りあった。

この冒険の翌日、沖縄の遥《はる》か沖合《おきあい》に停泊《ていはく》していた日本丸は進路を北東にとり、目的地の九州・佐世保に向けて航海を続けた。沖縄に寄港もせず、研修生と引き上げ家族を乗せた日本丸はゆっくりと進んでいたが、島影もすっかり霞《かす》んだ昼下がりの甲板に、悲しみに頭《こうべ》を垂《た》れる人たちが並んだ。台湾大学の教授《きょうじゅ》が亡くなったというのである。急病だったのであろう。昌之は、その教授の奥さんに台北の寺子屋で英語を教わったことがある。

「教授を水葬《すいそう》にする」

という声が耳に入った。もちろん、昌之は水葬というものを知らなかったが、海に遺体《いたい》を沈めるのだろう、ということは想像できた。しかし、水葬が荘厳《そうごん》な儀式《ぎしき》であると聞いても、昌之には即座《そくざ》に納得できなかった。「昨日、俺が飛び込んだ海に、なぜ先生を沈《しず》ませるのか、それがなぜ荘厳なる儀式なのか」と考えた。自分の父や母だったらどうしよう。あまりにも悲し過ぎる出来事であった。

日本丸の右舷《うげん》に帆布《はんぷ》で俄《にわか》に作られたシューターが用意された。それを支《ささ》える者が2名。片側《かたがわ》にはシューターを見守るように乗組員と研修生が並んだ。さらに反対側には先生の家族や引き上げ家族が列を作った。やがて、先生の遺体が白いシーツのような布に包まれて、担架《たんか》に載せられて船室から運ばれた。

昌之は、一部始終を目を凝《こ》らして見届《みとど》けた。シューターに運び込まれると、忍《しの》びなく声が辺《あた》りから漏《も》れて、静かに空気を震《ふる》わせた。

「さようなら」

という叫び声を合図に、シューターが持ち上げられた。先生の体は微《かす》かな音を立てて海を目掛けて沈んでいった。一瞬の出来事だったが、昌之は人間の死というものを間近に見て、初めて死者に対して心からの祈りを捧《ささ》げたのである。

以来、昌之は人に対して優しい気持ちを持ち続けた。そして……、

「優しい気持ち、それが俺の人生だ」

と思った。

日本の地を踏む

日本丸は、ほぼ1週間掛けて佐世保に着いた。桟橋《さんばし》には積み荷を下ろす作業労働者が動き回っていた。迎《むか》えの人は、桟橋を渡って遥《はる》か向こうの建物の中であろう。昌之は、多くの人が迎えに来てくれてるだろうと思ったが、特に胸踊《おど》るほどの感動はなかった。下船《げせん》して桟橋に立ったとき、「これはまだ日本の地ではない」と言聞《いいき》かせた。

これに反《はん》して、母・泰子は迎えにきてくれた妹夫婦を見付けると、思わず駆《か》け寄って手を握《にぎ》りしめた。妹夫婦のお目当ては「米と砂糖」であることは明《あき》らかだったが、それでも久しぶりに見る顔に、泰子は懐《なつ》かしさがこみ上げたのである。

昌之は日本の地を踏んだが、実《じつ》は然《さ》したる感動もなかった。しかし、次の瞬間、昌之は感動の深みに落ちた。リンゴが振《ふ》る舞《ま》われたのである。昌之はリンゴなる物を初めて口に

した。台湾にはない果物だ。昌之は……、

「旨《うま》い」

と思わず絶句《ぜっく》した。珍《めずら》しいこともあったのであろうが、昌之はかぶりついて、シュッと出てくるリンゴの汁《しる》にすっかり魅《み》せられてしまった。そして数日前、台湾の基隆《キールン》に日本丸が寄港したときの光景を思い出した。

台湾の若い女の子が集まってきて、日本丸の研修生に話し掛ける。「日本の若い学生は色が白くて頬《ほお》が赤くて可愛い」という。ひとりの女の子がバナナを持ってきた。研修生は桟橋までは下りて来ることができるので、彼女は素早く駆《か》け寄って一人の研修生にバナナを手渡した。彼は、なんと自分の腕時計を外《はず》して彼女に渡したではないか。バナナと腕時計を交換したのである。昌之は……、

「バナナと腕時計を交換するなんてもったいない」

とそのときはそう思った。しかし、日本人にとってバナナは貴重《きちょう》な果物で、腕時計に劣《おと》らない貴重品だったということが、台湾では見ることもできないリンゴをかじって実感でき

た。

台湾に寄港した学生はバナナで
台湾から引き上げた俺はリンゴか

昌之は、何やら可笑《おか》しな気分《きぶん》だった。戦後の日本で、最初に大ヒットした歌謡曲は「リンゴの歌」だが、昌之は知ろうはずがなかった。リンゴは日本人の希望の象徴ともされたが、昌之にとっては日本の地を踏《ふ》みしめた意識の象徴であった。リンゴに出会って、昌之は「これが日本か」と感慨《かんがい》に耽《ふけ》った。

昌之は、台湾で余《あま》りにも多くの事を学び体験した。遊び、戦争、事件、出会い、別れなどなど、それらがすべて昌之の血肉《けつにく》になっていると言ってもいいだろう。だからその中から、優しさが生まれ、フロンティア精神が育まれ、グローバルな感覚を身に付けることができたのである。

静雄は台湾の復興に尽力した
その見返りに、台湾は昌之を育てた

台湾のファミリービジネス

昌之も、静雄の志を受け継いで、ビジネスで貢献《こうけん》しようと思った。昌之のビジネスについては第三編「ＩＴ」で述べることにするが、台湾のファミリービジネスについて、ここで簡単に触《ふ》れておこう。

〝ＩＣＴ〟という言葉を聞いたことがあるだろうか。本来、Ｉはインフォメーション、Ｃはコミュニケーションで、Ｔはテクノロジーを表す言葉であるが、この場合の〝ＩＣＴ〟とはインド、中国、台湾の意味だ。そして、いつからか「世界のＩＴ業界を支えるのは３つの国」だと言われるようになった。なぜ〝ＩＣＴ〟が業界を支えているのだろうか。その答えは……、

「ファミリービジネス」である。

そして、〝ICT〟のキーワードは「ファミリー」だといわれている。インド、中国は言わずと知れた人口大国で、しかも強力なファミリーネットワークが張り巡《めぐ》らされている。台湾に住む人たちの90％以上が漢《かん》民族であり、そのうち福建省系《ふっけんしょうけい》の人が7割を占めている。といえば分かるとおり、台湾もまた世界中にファミリーを広げている国なのである。

昌之は、ビジネスで台湾の企業を訪問したとき……、

「あなたの企業では、アメリカに行くときは出張でしょう？」

という意外な問い掛けがあった。

昌之が「ええ？……」というと、
彼から「台湾人はですね……」と、びっくりするような言葉が飛び出した。

「あなたの会社の社員は、ビジネスでアメリカに行くときは出張でしょう。ホテルを予約して、通訳《つうやく》を雇《やと》って、それからビジネスですよね。でも、わたしたち台湾人は違います。」

と言うのである。

台湾人はアメリカに親戚《しんせき》や友達《ともだち》がたくさんいる。彼らは、その親戚や友達の家に遊びに行く感覚でアメリカを訪《おとず》れる。だから、情報がダイレクトでスピーディに入手できるとい

うのである。

日本では、アメリカに出張となれば稟議《りんぎ》書を書いて上司に提出すると、出張目的をチェックする人がいて、契約内容を審議《しんぎ》する。そんなことをしている間に、台湾人は思い立てばすぐ飛行機に乗り、よい案件であれば即断即決《そくだんそっけつ》でことを進めるというのである。稟議なんて必要ない。それがファミリーの強みというものだ。

「日本人とはスピードが違う」と言うのである。

昌之はその言葉に愕然《がくぜん》とした。

「痛いところを突かれた」という思いと同時に、
日本ビジネスの限界すら感じた。

しかし、考えてみれば、中国にしても台湾にしても、その歴史を見てみれば、「世界は我が家」と考える人たちが、長い時間を掛けて作ってきたネットワークなのだから、日本と比べようもないのである。

日本統治下《とうちか》の台湾とその後

それにしても、現代の台湾は数奇《すうき》な運命を辿《たど》っている国だと思わずにはいられない。1945年に第二次世界大戦が終結し、それまで日本の統治下にあった台湾は、蒋介石《しょうかいせき》が率《ひき》いる中華民国によって統治されるところとなった。その後、中国では内戦により、台湾に逃げ込んだ蒋介石の国民党（中華民国）と毛沢東《もうたくとう》が率いる北京の中国共産党（中華人民共和国）の両政府が並立することになった。

こともあろうに、国際連合は1971年に共産党政府を支持し、中華民国は国連から追放されたのである。この状態は現在も続き、国連における中国の唯一の合法的な代表は中華人民共和国となっている。この決定で若者は台湾の将来に絶望し……、

「生きる道を世界に求めた」のである。
常にリスク分散《ぶんさん》を考え、特に重税《じゅうぜい》に苦しめられてきた富裕《ふゆう》層は、息子の一人はアメリカ、一人はオーストラリア、一人は日本といった具合で、ファミリーを世界に拡散《かくさん》させた。台湾人には、フットワークの軽い行動力と強靭《きょうじん》な勤勉《きんべん》さを持つ華僑《かきょう》（華商《かしょう》）の血が流れていると思われる。国家という枠《わく》組みを捨《す》て、自由な思想を持つ世界で最もボーダレスな民族といえるのではないだろうか。

台湾人が国や政府を信用しなくなったのには、歴史のなかにその理由がある。明《みん》、清《しん》の時代から重税や悪政に苦しめられ、政府への拭《ぬぐ》いきれない不信感を植え付けていたのである。だから台湾人は……、

「役人は私腹《しふく》を肥《こ》やすことしか考えず、国民のために何《なに》かすることはない」

と、自分自身に言い聞かせて生きてきた。明、清の時代から数百年の間、為政者《いせいしゃ》に「法治《ほうち》」ではなく、人治《じんち》」で苦しめられてきた台湾人は……、

「上に法があれば、下に策《さく》がある」

と考えた。しかし、その考えを幾分《いくぶん》か変えたのが日本人であったと思う。台湾人は烏山頭《うざんとう》水庫《すいこ》の畔《ほとり》に座る作業衣姿の八田與一《はったよいち》像を見て、台湾のために働いた日本人がいたことを思い出しているのである。昌之は、台湾人にとって、最も充実した国造りの時代は……、

「日本統治下《とうちか》」

であったと確信するのである。そして、昌之の父静雄も台湾復興《ふっこう》のために尽力《じんりょく》した一人であるから、昌之も台湾人と一緒になってビジネスを展開したいと考えたのも無理からぬところである。

昌之がIT企業・キーウェアソリューションズ㈱の社長を務めていたとき、台湾とのビジネスチャンスが訪れた。JRと一緒になって、台湾の国営鉄道に「Suica」関連のシステムを売り込むプロジェクトを立ち上げた。

日本のコンペティターは汎用型ソフトだった。日本は、JRのシステムをそのまま導入

することを提案したが、台湾はアメリカ型のパッケージソフトを好み、日本の一から作り込むやり方《かた》を嫌《きら》った。スピード感覚が全然違っていたから、ハーフメイドのパッケージに魅力を感じていたと思う。そして何より、システムに関して、台湾の目はアメリカを向いており、ＩＴビジネスにおいては日本への執着《しゅうちゃく》は薄かった。結果は明らかで、日本はアメリカ型に破れた。

昌之は、このビジネス交渉の過程で、ファミリービジネスのスピードというものを今更《いまさら》ながら痛感《つうかん》した。アメリカと台湾をファミリーが繋《つな》ぎ、台湾鉄道《たいわんてつどう》の要求に間髪《かんぱつ》を入れず答える早業《はやわざ》は目を見張るばかりであった。

確かに、現在、日本は台湾と国交を持っていない。しかし、ＩＴに関して台湾はどの国よりも高度な技術を有しているし、幸いにして親日派も多い。日本はこれから、台湾にもっと目を向けるべきではないだろうか。台湾は最高のビジネスパートナーになると信ずる。

淡水
北投
基隆
八堵
福隆
桃園県
桃園
台北
台北県
新竹
宜蘭
新竹県
宜蘭県
苗栗
苗栗県
台湾海峡
台東線
台中県
太魯閣
台中
埔里
花蓮
彰化県
花蓮県
南投県
鳳林
阿里山森林鉄道
雲林県
澎湖諸島
嘉義
嘉義県
縦貫鉄道
台南県
太平洋
台南
高雄県
台東県
屏東県
台東
屏東
緑島
高雄
林辺
N
W
E
S
蘭嶼
0
50

第2章

チェロ

ピエール・フルニエ、運命の出会い

チェロの貴公子《きこうし》といわれたピエール・フルニエのチェロを聴《き》いた瞬間、昌之の身体のなかに眠っていた音楽の神様が目を覚ました。

「これがチェロなんだな」

昌之の魂《たましい》が震《ふる》えた。

この瞬間を境に、昌之は音楽と正面から向かい合った。

音楽に対して襟《えり》を正して向かい合う覚悟《かくご》をした。

チェロの響《ひび》きが脳に深く刻《きざ》み込まれた。

慶応義塾大学に入学した昌之に対する叔父《おじ》の餞《はなむけ》は、

「バスケットにばかり励《はげ》んでいたら、頭の中が硬くなる」
「身体だけではなく頭も鍛《きた》えろ。クラシックを聴《き》け」
という言葉だった。

その言葉を素直に聞いて、昌之は入学するとすぐに三田レコード鑑賞《かんしょう》会（MRK）に入った。MRKは、実《まこと》に単純な趣旨《しゅし》の集まりで、皆でクラシック音楽を鑑賞しようというクラブだった。

当時、LPレコードは高嶺《たかね》の花で、学生の身分では買うことなどできない。だから、レコード鑑賞会などといっても自分たちでライブラリーを持っているわけではなかった。レコード会社と交渉して試聴盤《しちょうばん》を借り、大学にお願いして教室を借り、そこにスピーカーやアンプなどの機材《きざい》を運び入れて演奏会場とした。

事前に、ビラを撒《ま》いたり掲示板に開催場所と時間を告知しておくと、教室は学生で溢《あふ》れんばかりとなる。MRKのメンバーは、作曲家や楽曲を解説して、日頃の学習成果を披露《ひろう》した。何しろ、当時のLP1枚の値段は2、500円から3、000円もして、学生アルバイトの時給が1時間50円くらいだったからとても手が出ない。学生は音楽に飢《う》えていて、MRKの鑑賞会は毎回大盛況《せいきょう》だった。

余談であるが、この鑑賞会が開催《かいさい》された日吉の教室というのは、戦後間もなくアメリカ軍が旧日本軍の参謀《さんぼう》本部があった日吉を接収《せっしゅう》して作ったかまぼこ型の兵舎《へいしゃ》だった。昭和24年10月に返還《へんかん》されるまでアメリカの兵隊が使っていた、言ってみれば……、掘《ほ》っ立《た》て小屋であった。屋根がトタン張りだったから、強い雨だと先生の講義が聞き取れなくて、授業を一時中断する場面もあったほどだ。日吉キャンパスの緩《ゆる》やかな傾斜《けいしゃ》地に、そんなかまぼこ教室が10棟《とう》ほど並んでいた。

日吉の学生生活も2年目となったある日、MRKの鑑賞会はコロンビアレコードから借りてきた試聴盤、チャイコフスキーの……、

「ロココの主題による変奏曲《へんそうきょく》」

を演奏することになった。
チェロ演奏はフランスのピエール・フルニエである。
チェロの音は深く、艶《あで》やかに、そして優しく昌之の心に響《ひび》いた。
運命の出会いであった。
演奏が終わって会場は拍手《はくしゅ》に包《つつ》まれた。

かまぼこ教室

音楽というものがこれほどまでに人の心を打つものか。
レコード鑑賞会はすでに何十回も行なわれているのに……、
何故《なぜ》この日、昌之を釘《くぎ》づけにしたのか。
チェロだ、チェロが感動の源だ。

昌之は、レコード会社にお願いした。返さなければいけないレコードだが、どうしても離《はな》しがたい……、とお願いして……、とうとうフルニエの「ロココの主題による変奏曲」をいただいた。昌之とチェロを結びつけたレコードは、50年経《た》ったいまでも美しい見事《みごと》な音を響かせている。このレコード盤に何百回針《はり》を下ろしたことか。

リストのハンガリー狂詩曲とプレリュード

昌之のクラシック音楽に対する素地《そじ》は、子供の頃に作られた。母・泰子は音楽に造詣《ぞうけい》が深く、何よりもクラシックが好きだった。白百合《しらゆり》女学院の頃から聖歌を歌い、白百合を卒業後、日本放送協会（ＮＨＫ）の日本交響楽団（後のＮＨＫ交響楽団）に事務職として就職《しゅうしょく》したが、昭和の初めに、女性が働くことは珍しいことであった。

「職業婦人《しょくぎょうふじん》」

という言葉は女性リベラリストの代名詞のごとく使われた。

泰子は、その職場で当時を代表する音楽家と交流したが、特に理学博士《りがくはかせ》で作曲家の箕《み》作秋吉《つくりしゅうきち》からは親しく指導を受けた。そんな環境で数年を過ごし、クラシック音楽にますます魅了《みりょう》されていった。泰子の部屋にはクラシックのＳＰ盤が並ぶようになり、その数は日に日に増したのである。

静雄と結婚してからも、泰子のクラシック音楽熱は冷める気配を見せず、むしろ高まっていった。静雄は妻の泰子に滅法《めっぽう》優しく、手回しの蓄音機《ちくおんき》が世に出るとすぐに購入《こうにゅう》してやり、家計にゆとりが出てきた頃、電気蓄音機が開発されたと聞くと真っ先に届けさせた。そのくせ静雄はクラシック音楽にまったく興味がなく、民謡を口ずさむ程度だったのだから、泰子にいかに甘《あま》かったかがわかる。

そんな泰子は、リストが大好きだった。特に「ハンガリー狂詩曲2番」は繰り返し繰り返し何度も聴いていたから、昌之は小学生だったがいつのまにか覚えてしまいリストファンになってしまった。そのとき、泰子と昌之が聴いていたSP盤はアルトゥール・ルービンシュタインの演奏で、今もなお名盤中の名盤といわれているものだった。

部屋にはいつもクラシック音楽が流れ、台所に立つ母の鼻歌はオペラのアリアだった。そんな家庭で育った昌之だったから、クラシック音楽に距離も違和感《いわかん》もあろうはずがなかった。小学校1年生のころ、岡田家に妹の背丈《せたけ》を超すRCAの電気蓄音機が搬送《はんそう》された。昌之の手がやっとプレーヤーに届くほどの高さだったから、母が大事にしていたSPレコードの革ケースを開《あ》けて好きなレコードをプレーヤーにセットした。もちろんリストのハンガリー狂詩曲もその中に入っていた。

レコードを聴くといっても、昨今のように容易《ようい》に聴けるわけではない。まず第一にレコード針がない。そこで、針の代用品を作らなければならない。そのための道具も用意されていた。専用の鋏《はさみ》である。昌之は小さいながらも器用に鋏を使って竹針《たけばり》を作り、アームにセットした。母は昌之の丁寧《ていねい》な仕事ぶりに感心し、安心してレコードを扱《あつか》わせた。

電気蓄音機

間違いなく、昌之の音楽の原点は母にあった。前にも述べたが、父はクラシック音楽に興味を示さなかったが、母の趣味を理解をしていたから電気蓄音機も購入した。そんな父がいたからこそ、母も昌之も音楽に没頭できたのである。その意味では、昌之の音楽好きは父からの贈《おく》り物だったということができる。

母の音楽に対する考え方や視点はもう少し違っていた。特に昌之に対しては、音楽は単《たん》に音を楽しむだけではなく、人間形成《けいせい》に役立つと考えて音楽を身近に置いたと思われる。母自身も、音楽が心の支えになったことを何回も実感した。台湾時代に、二二八事件で学生を匿《かくま》い緊張する場面に出会ったことがあった。そのときも、音楽が母の気丈《きじょう》さを支えたのである。台湾に渡って間もなく、昌之がまだ幼稚園に通う前の話だが、風邪《かぜ》を引いて寝込んだことがある。このとき母は……、

「音楽を聴かせよう」

と思いついた。寝込んだ昌之の枕元で、母は手回しの蓄音機にレコード盤をセットし、クラシック音楽を聴かせた。音楽が病気をも治すと信じていた。母は音楽が……、

「人を育て、心を安らぐ」

と考えていたのかもしれない。昌之は母の気持ちを素直に受け継いだ。リストのプレリュード（前奏曲）を聴くと、確かに元気が出るという。いやな気分が払拭《ふっしょく》され、精神が鼓舞《こぶ》され、なにくそという気持ちになる。だれにでもそういう曲が一つや二つはあるもので、リストのプレリュードは昌之のテーマソングになった。

昌之にとってクラシック好きになった原点は母・泰子にあり、音楽に正面から向かい合う切《き》っ掛《か》けを作ってくれたのはピエール・フルニエのチェロだった。さらに、クラシック音楽の魂《たましい》というものを教えてくれたのはスペインのチェロ奏者パブロ・カザルスであった。

パブロ・カザルス

慶応大学のMRK（三田レコード鑑賞会）はレコード演奏を通してクラシック音楽に触《ふ》れ、音楽そのものを研究する部活《ぶかつ》だった。現在は名誉《めいよ》教授で音楽評論家の村田武雄先生が顧問《こもん》を務《つと》め、先生の指導の下《もと》でさまざまな研究会が開かれた。例えば、現代音楽研究会、ベートーベン研究会、ブラームス研究会などだが、現代音楽研究会からはパウル・ヒンデミット分科会ができたりして、それぞれの学生が村田先生の薫陶《くんとう》を受け、日吉のかまぼこ教室で議論を深めたのである。

これらの研究会にはそれぞれ部員が20～30人いて、議論が沸騰《ふっとう》して、最終電車に飛び乗りするほどの盛況《せいきょう》であった。そんな中で昌之は、パブロ・カザルス研究会に所属したが、部員はたったの3名だけだった。ピエール・フルニエのチェロに魅せられてクラシックに傾倒《けいとう》した昌之が、カザルスに興味を持つのはごくごく自然だ。3人の研究会が取り組んだテーマはカザルスの秘書、J・M・コレドールが著《あらわ》した……、

『カザルスとの対話』

の輪読《りんどく》であった。輪読が始まって、昌之はカザルスについて多くのことを知った。知ると同時に、我が身の至《いた》らぬこと、人生の目指すところ、そして音楽の魂に触れることなどなど、昌之は自問自答しながらカザルスの音楽を何回も何回も聴いた。そして、音楽と人生と色々なことを学んだのである。

まず第一に、パブロ・カザルスはスペインのカタルーニャ地方に生まれたチェロ奏者であるが、バッハの「無伴奏《むばんそう》チェロ組曲（全6曲）」を発掘《はっくつ》した人であることを知った。彼が17歳のとき、マドリッドの古本屋でバッハの楽譜《がくふ》を手に入れた。それが「無伴奏チェロ組曲」だったのだが、当時、誰もが練習曲と思っていた。カザルスもチェロの練習曲と思って譜面を開き、弾いていくうちに、経験したことのない感動の嵐の中にいる自分に気が付いた。

「なぜこれが練習曲なのか」

「これほどの傑作《けっさく》が他にあるだろうか」

と憤《いきどお》った。彼はその後11年間、無伴奏チェロ組曲を演奏し続けた。世界はようやくこの楽曲の傑出《けっしゅつ》した素晴《すば》らしさに気が付いたというのである。しかし、それ以上に世界の音楽家を驚かせたのは、パブロ・カザルスというチェロ奏者のテクニックと音楽の解釈であった。カザルスの力強い音には魂が込められていた。それはチェロという楽器の持っている潜在《せんざい》的な響きを、遺憾《いかん》無く発揮《はっき》させるものでもあった。

ここでコレドールは、スペインを悲しみのどん底に陥《おとしい》れたフランシスコ・フランコ将軍のクーデターについて述べる。昭和11年（1936年）10月に、反政府軍がフランコ将軍を国家首席《しゅせき》に押し立てて国民政府を樹立したのである。これだけを見れば、スペイン共和国の政府軍と反政府軍とが激突し、反政府軍が優勢となって臨時《りんじ》政府を樹立したということであろうが、悲劇は根深いところに潜《ひそ》んでいた。

ソ連とメキシコが政府軍を、ドイツとイタリアが反政府軍を支援した。つまり、スペインという国土を舞台にして社会主義勢力とファシズム勢力がぶつかり合い、市民を巻き込んで血みどろな戦闘が繰り広げられたのである。フランコ将軍を助けるのだという理由

ドイツ空軍の爆撃で破壊されたゲルニカの街

の下《もと》で行なったドイツ空軍のゲルニカ爆撃は、歴史に残る破壊《はかい》と殺戮《さつりく》の地獄絵となった。一万二千の市民は爆風に晒《さら》され、石やレンガの下敷《したじ》きとなって死を待った。

このとき、偉大なる二人の芸術家が世界に向けてメッセージを発した。一人はパブロ・ピカソである。彼は、スペイン共和国政府から依頼されて、戦争の悲劇を描いた「ゲルニカ」をパリ万博で展示した。ゲルニカ爆撃が昭和12年（1937年）4月26日で、パリ万博の開催が5月4日、それより一ヶ月程おくれてピカソの大作が展示された。共和国政府に依頼されてから描くことを決めたのではあるまい。ピカソは既《すで》に、ゲルニカの惨状《さんじょう》を見て、許しがたい憤《いきどお》りをもってキャンバスに向っていたのではあるまいか。

もう一人がパブロ・カザルスである。彼は、ヒットラーと手を結んだフランコ将軍を呪《のろ》い、スペインがファシズムへと突き進んでいくのを何としても阻止《そし》しなければならないと思った。その決意を示すために……、

「ファッショの下では演奏活動を一切しない」
「フランコ政権が倒れない限り、公衆の面前でチェロを弾くことはしない」

と宣言してフランスに亡命した。実際に、それから10年間、彼の演奏を聴くことはできなかった。さらに、クラシック音楽ファンに大きな衝撃を与える宣言をした。

「カザルス三重奏団を解散する」

というものだった。カザルス三重奏団とはアルフレッド・コルトー(ピアノ)、ジャック・ティボー(ヴァイオリン)、パブロ・カザルス(チェロ)の三人で作ったのだが、コルトーがナチス・ドイツに迎合《げいごう》する立場をとったため、カザルスは直ちにコルトーとの決別《けつべつ》を宣言し、同時に三重奏団の解散を全世界に向けて発表したのである。

昌之は、コレドールの本を手にして以来、カザルスの生き方を自《みずか》らの指針とすることにした。『カザルスとの対話』が昌之のバイブルとなった。そこに書いてあることは全《すべ》て腑《ふ》に落ちた。音楽は正義と自由の象徴であり、人間性の発露《はつろ》であることに思い至《いた》った。

確かに、MRKのカザルス研究会で昌之は多くのことを学び、音楽についての知識や鑑《かん》賞《しょう》の仕方《しかた》というものを知った。しかし、なぜか満足できない。ある日、昌之はその原因についてはたと気が付いた。MRKに所属していれば評論はできる。メンバーはみな優秀な評論家だ。ある楽曲に対して、ある人は高く評価し、ある人の評価は低い。それが評論というものなら、昌之は評論するためにMRKに入ったのではないと思った。演奏や楽想《がくそう》を讃《たた》えるのはいいとして、あそこで音が少しずれたとか、もっと歌うように弾くべきだなどとしたり顔で語る輩《やから》には我慢《がまん》がならん……、

「楽器を弾けもしないのに」

と考えた。まず自分である程度できるようになってから話すというのが、本来あるべき姿じゃないのかと考え始めた。昌之は子供のころから、体験することで世間というものを学んできた。母・泰子の姿も目に残っている。正義を貫《つらぬ》き行動する姿だ。

そして、パブロ・カザルスから……、

「正義を貫くには行動せよ」

というメッセージを感じ取った。

昌之の心には、正義という価値観が確立した。

「己れを信じ、信念の下、行動せよ」というメッセージを頭に叩き込んだ。

実際、カザルスの演奏にはエネルギーを感じた。

美しい演奏なら沢山《たくさん》聴いたが、
エネルギーが迸《ほとばし》り出る演奏はカザルスの演奏だけだ。
俺もカザルスのように……、
という思いが頭の中を駆《か》け巡《めぐ》り、
体中《からだじゅう》の血がチェロの響きに合わせるごとく波打って流れた。

昌之は、かまぼこ教室の日吉《ひよし》から三田校舎に移る学部の三年生のとき、MRKをやめることにして、ワグネル・ソサイエティ・オーケストラに入部した。評論ではなく演奏することを選んだのだ。

「己れを信じ、信念の下、行動せよ、そして正義を貫け」

音楽から学んだこの価値観は、昌之の人生の羅針盤《らしんばん》となった。そして、この羅針盤はその後の人生のさまざまな場面において、大いに力を発揮することになるのである。

パブロ・カルザス

チェロを弾く

「このチェロはずいぶん古いものだけど、よかったらやるよ」

昌之は、MRKのカザルス研究会で知合った先輩からチェロを貰《もら》うことになった。台湾時代にバイオリンを弾いたことはあったが、初心者にとってバイオリンのハードルは余《あま》りにも高く、音がなかなか綺麗《きれい》に出ない。昌之は忽《たちま》ち嫌《いや》になった。

しかし、チェロは初心者でも比較的簡単に綺麗な音が出る。それに、バイオリンは左肩と首の間に挟《はさ》む、ギターは右の膝《ひざ》に載《の》せて左手で握《にぎ》る、いろんな楽器があるがどれもこれも楽器と身体の接点が一つだ。しかしチェロは左肩と両腿《もも》の三点で楽器を支《ささ》える。だから、楽器から出る音の響きが身体全体に伝わるのである。この痺《しび》れるような感覚が他の楽器にはないと言ってもいいだろう。

昌之はたちまちチェロに夢中になった。日吉に通っていたとき、途中下車をして芸大出身の先生にチェロの弾き方を教わった。実際に楽器を弾き始めると、その楽しさというか喜びというものが昌之をさらに夢中にさせた。

夢中になると、ワンランク上の楽器がほしくなるもので、ドイツ最大の老舗《しにせ》弦《げん》楽器メーカー、カール・ヘフナー社のチェロがどうしても欲しくなった。

「そういう大事な買物の話はお父《とう》さんにしなさい」

と、母に一蹴《いっしゅう》された昌之は、居《い》ずまいを正して父親に懇願《こんがん》した。そして意外にも……、

「お前が言うなら買ってこい。だが、勉学を疎《おろそ》かにするなよ」

とだけ言って、昌之の願いを聞き入れてくれた。

そして数週間後に、大阪の楽器店からヘフナーのチェロが届けられた。昌之はまず撫《な》で回し、ヘフナーのロゴを確かめ、縦にしたり横にしたり、エンドピンを出したり引っ込めたり、眺《なが》めては飽《あ》きもせず、果《は》てはなぜチェロというのか、セロではないのかなどと考え

てみて楽しんだ。
余談だが、ビートルズのポール・マッカートニーは左利きでベースギターを抱えていた。最初に使ったのがヘフナーの１９６１年製でその後もヘフナーのギターを使用していたと聞いている。

ところで、ヘフナーのチェロは当時幾《いく》らくらいだったかというと、30万円ちょっとだった。岡田家が台湾から引き上げたのが昭和24年で、それから8年ほど経ったときの話だから裕福《ゆうふく》なはずはない。娘二人は私立の女学館に通っていて、昌之の授業料も払うとなれば、30万円もする高価なチェロを購入することは容易《ようい》なことではなかったはずである。ところが静雄は、ぐずぐず言わずに昌之の願いを聞き入れてくれた。

静雄には分かっていたのかもしれない……。貴重《きちょう》な青春時代の想い出を持つことがどれほど幸せかということ、心のなかに宝物を持つことがどれほど素晴らしいかということを。それに静雄自身が、青春時代にやり残した苦《にが》い思い出があったのかもしれない……。それに、昌之を既《すで》に大人として見ていたからではないだろうか。子供の願いは、親の都合や事情で左右できる。しかし、既《すで》に一人前として認めていた昌之の達《たっ》ての願いだと知って、それならば、と応じたのであろう。

それにもう一つ、静雄は台湾から引き上げるとき、柳行李《やなぎこおり》の中に衣類や米や砂糖に紛《まぎ》らし、金塊《きんかい》を忍《しの》ばせて持ち帰ったらしい。これは後《のち》に、母の泰子が昌之にこっそり教えてくれたのだから本当のことであろう。どれほどの金塊であったか今となっては知《し》る由《よし》もないが、そうでもなければ30万円もの大金をポンと出せるはずがない。昌之は、謹厳な父親の顔を思い浮かべた。それにしても、金塊とは……。

三年生になり、日吉から三田に移ると、流石《さすが》に先生についてチェロの指導を受けることが困難になった。そこで、かねてより頭にあった「評論より実践《じっせん》」を実行に移した。MRKを止めて、ワグネル・ソサイエティ・オーケストラに入部した。部長の面接で……、

「楽器は何？」と聞かれ、

「チェロです」と答えた。

本当はまだ習い始めて一年にもならないのだが、それは言わなかった。すると……、

「チェロならすぐ役に立つ」

と言ってくれた。何しろ大学二年生になってから始めたチェロだから、自信なんてまるでない。周りには上手な奏者が山ほどいた。どんなオーケストラに入っても通用するプロ級の人がいた。しかし、何といってもチェロだ。当時はチェロを弾く人の数は少なくて、チェロならすぐに後の方の列に並んでオーケストラの一員になれた。そのときのメンバーは80人ほどだった。

ワグネルで最初に演奏した楽曲はモーツァルトの「交響曲 第40番」だった。単調で書かれたこの交響曲は、初心者には大変難しい楽曲だった。どう演奏するかというより、どうやってうまく誤魔化《ごまか》すかに腐心《ふしん》したといった方が正しかった。しかし、昌之は苦痛というものを感じなかった。演奏できることが楽しかったし幸せに思った。敬愛《けいあい》するカザルスと同じようにチェロを……、

「俺も弾いている」

それだけで十分だった。一方で、父親に言われた「学業を疎《おろそ》かにするな」という言葉も

忘れてはいなかった。日吉《ひよし》から三田《みた》に移って、勇敢《ゆうかん》にも、厳しいことで有名な「財政の大熊ゼミ」を志望した。多分すれすれだっただろうが、見事大熊ゼミに入ることができた。入ってみると聞いていたとおり研究レベルが高く、膨大《ぼうだい》な資料を読み熟《こな》さなければならなかった。

それに、ワグネルのチェロを休むわけにもいかない、何といっても入部したばかりだから、ここで怠《なま》けたら男が廃《すた》る、というわけで昌之はチェロを弾き通した。その他にも色々な誘惑が目白押しだった。まず、社交ダンスだ。昌之の母・泰子はソーシャルダンスの名人だった。少年の頃から泰子のダンスに魅了《みりょう》されていたから、昌之は大学の合格発表と同時にダンス教室に通《かよ》った。

MRKもワグネルも慶早戦の前夜祭の頃やクリスマスともなれば、不足する部費を補填《ほてん》する目的でダンスパーティを開いた。アマチュアのハワイアンバンドを呼んだり、ときには自分たちでバンドを結成して大いに盛り上げた。昌之はそんなときには欠かせないエンターテナーで、演奏も手伝うしダンスのパートナーも務《つと》めた。

しかし、いくら忙しいときでも、チェロは片時《かたとき》も離さなかった。友達が集まってカルテットを結成し、演奏を楽しんだ。大学とはかくも忙しいところか、次から次に難問が押し寄せた。卒論《そつろん》も書かなければならないし、就職活動もしなければならない、が昌之は……、「全力疾走《しっそう》した」

チェロを弾いていなかったら、のほほんと遊び回っていたかもしれない。緊張感もなく、感動もなく、大熊ゼミもなく、カルテットもなく、ダンスもない、そんな学生生活だったかもしれない。そう考えると、チェロが昌之の青春をプロデュースしたと言っても過言《かごん》ではないのである。

「昌之」という独楽《こま》、「音楽」という心棒

話は前後するが、昌之の人生の転換期について話さなければならない。人生にはだれでもターニングポイントというものがあるが、昌之のそれは第一に大学進学であった。

「蔵前《くらまえ》に行く気はないのか」

と父・静雄が聞いた。

「慶応義塾大学を受験します」

と答えた。

静雄はほんの一瞬、落胆《らくたん》したようだったが……、

「お前の人生だ、お前の望む道を行け」と言った。


蔵前《くらまえ》とは、現在の東京工業大学である。明治初期に作られた蔵前の東京職工学校が前身《ぜんしん》であるが、昭和4年（1929年）に東京工業大学となってからも、長い間蔵前と呼ばれていた。静雄は、群馬県高崎の生まれで、地質や利水《りすい》を学びたくて名古屋工業専門学校に進学したのであるが、職人的技術を尊重し、蔵前という響《ひび》きに一種の尊敬を抱《いだ》いていたのではないだろうか。

余談であるが、静雄は利水分野におけるわが国の「技術士」第一号である。技術士という称号は、昭和58年（1983）4月に施行《せこう》された技術士法に基《もと》づいて与えられた称号であるが、名誉称号ではなく第一次、第二次の試験と論文を評価して与えるものだ。7時間という長丁場《ながちょうば》の論文試験は国家試験のトライアスロンと呼ばれるほど苛酷《かこく》な試験である。

静雄がこの試験に合格したとき、年齢は75歳だったから、その意欲と研究熱心さは驚異的なものだったといえよう。いまならテレビ出演で大忙しだったろう。

昌之は、静雄と違ってどちらかといえば母・泰子の血筋《ちすじ》を受け継いだ。昌之は常々《つねづね》我が身を顧《かえり》みて……、

「俺は左脳より右脳だ」

と考えていた。近頃、左脳とか右脳という言葉をよく聞くが、確かに、人の脳を観察すると、言語中枢《ちゅうすう》が左の脳に集中していることが分かってきた。言語は思考をコントロールするから、左の脳が発達しているものは論理的な思考が得意なのだという。これに対して右脳は情緒《じょうちょ》、感情を司《つかさど》るという。美しいとか醜《みにく》いとかを直観《ちょっかん》的に判別する能力は右脳に集中しているらしい。昌之はこの理論を納得して、「俺は右脳人間」だと決めていたから……、

「工業に限定せず、広い分野を学びたい」

という結論に達し、蔵前より慶応を選択した。そして、慶大経済学部に入ると、たちまち

忙しい毎日が始まったのである。考えてみれば、「昌之」という独楽《こま》は、「音楽」という心《しん》棒《ぼう》によって回っていたと思われる。回りながら……、

「音楽を通じて世界を知った」といってもいいだろう。

世界を相手に

やがて、昌之に第二のターニングポイントがやってきた。それは、就職という関門《かんもん》であった。就職ともなれば進学どころの騒ぎではない。会社を選ぶという問題だけではない。日本という国の将来を考え、自分に出来ることは何かとにかく役に立ちたいと思った。その結果、昌之の心に沸《わ》き上がったものは……、

「世界を相手にしたい」

という感情であった。ときはまさに、高度経済成長の幕《まく》開けを告げていたのであるが、現実はと言えば、日本の貿易収支《しゅうし》は常に赤字だった。国は、国際収支の改善と外貨獲得《がいかかくとく》を合《あ》い言葉とし、そのために産業育成と生産性向上を目標においた。日本生産性本部などという機構を作ったのもそのためだ。そんな時代背景の下《もと》で、昌之は……、

「日本を復興《ふっこう》させたい、そのためには海外へ目を向けなければならない」

と思い、それが結論であり、むしろ使命《しめい》とさえ感じていた。

希望が叶《かな》う舞台、それは商社だった。昌之は迷わず、三菱商事を就職先に選んだ。

三菱商事を選んだのには訳《わけ》がある。実は、昌之が通《かよ》った成蹊《せいけい》高校は、明治末期から大正期にかけての教育者である中村春二《はるじ》が、今村銀行頭取《とうどり》の今村繁三や三菱財閥《ざいばつ》の岩崎小弥太《こやた》の支援を得て創設した私塾《しじゅく》「成蹊園《せいけいえん》」が母体となっている高校だったことも少なからず影響している。

昌之が就職活動をしたのは昭和34年（1959）で、日本経済は後に岩戸景気《いわとけいき》と呼ばれる高度経済成長時代に突入したときであった。戦後は繊維《せんい》がなんとか貿易を支え、やが

て昭和30年（1955）に入って三白景気《さんぱくけいき》がやってきた。三白というのは砂糖、セメント、肥料のことだが、貿易収支はまだまだ赤字で、貿易収支が黒字に転換するまでにはしばらく時間が必要だった。

昌之の所属する慶応大学の大熊《おおくま》ゼミは、殆《ほとん》どの学生が財政をテーマとして卒業論文を纏《まと》めていたから、自《おの》ずから銀行就職を志望するものが多く、大熊ゼミから商社を受験するものは昌之を含めて2名だけだった。

当時の人気企業は、銀行、繊維、製糖、セメントなどで自動車といえども順位は低かった。まして、商社となれば一言で「山師《やまし》、野心家」の烙印《らくいん》を押された。確かに、商社を目指すものの中には山師的な考えで道を選んだ学生もいたことは事実だが、昌之の志は別のところにあった。つまり……、

「世界を相手にしたい」
「日本の復興に貢献したい」

という高邁《こうまい》な目的を持っていたのである。ちょっと待て……、これは昌之の父・静雄の抱

いていた志と相通ずるところがあるではないか。静雄は「台湾のために役立つ」ことを目標にした。そして、見事利水《りすい》という舞台で台湾に貢献《こうけん》した。昌之は、それを知ってか知らずか、今また静雄と同じ道を歩もうとしていたのである。

その後の企業の盛衰《せいすい》を考えると、三菱商事を選んだ昌之の先見性《せんけんせい》は確かなものだったということが言える。しかし、先《ま》ずは就職試験に合格しなければならない。殆《ほとん》どの上場企業は試験日を10月1日と決めていたから、滑《すべ》り止めがない。受験の失敗は許されないのだ。しかも、学内選考がある。三菱商事の指定校は東大、一橋、慶應、早稲田の4校だったが、東大、一橋は筆記試験が免除されて面接だけという差別があった。

「差別もいいとこだ、こんちきしょう」

と憤《いきどお》りを感じたが、それを言っても始まらない。とにかく昌之は学内選考に応募した。数日して選考通過者の名簿が張り出された。25名だったが、その中に「オカダマサユキ」という同姓同名の学生が二人いた。漢字一文字違うだけだったから間違いやすい。入社試験の結果は三菱商事の先輩から教えてもらうことになっていた。結果発表の当日、昌之は先輩に電話した。

「オカダマサユキという名前があった、よかったな」

「ありがとうございました」

聞いたとたん、ほっとして漢字の確認をせずに電話を切ってしまった。「合格したのは本当に俺か？……」電話を掛け直すこともできず、落ち着かないので映画館に入った。考えるとますます心配になってきた。スクリーンを見つめても、どんなストーリーか頭に入らない。やがて館内が明るくなり、昌之は帰路《きろ》についた。

玄関のドアを開けると、目に飛び込んできたのは日の丸だった。傍《かたわ》で静雄が何やら作業をしていた。岡田家には、玄関を上がると大きな榛《けやき》の衝立《ついた》てが置いてあった。台湾で静雄が買い付けたもので、樹齢《じゅれい》千年の榛《けやき》が客人を迎えることに誇りを持っていた。父がその衝立てに日の丸を括《くく》り付けていたのだ。静雄は……、

「昌之、合格したぞ」

と落ち着いた声で告げた。母も玄関に出てきた。

昌之はまるで客人扱いだった。
正式に、合格の通知があったらしい。
こんなとき家中で喜び、祝い、宴《うたげ》を張るというのが岡田家のいいところだった。
昌之も、それに答えて素直に両の拳《こぶし》を突き上げて思わず……、
「万歳!」と叫んだ。

三菱商事という会社

「俺が日本を復興させる」と、やる気満々で三菱商事に入社した昌之であったが、4月1日の配属の日に……、世界を股《また》にかけて飛び回り、日本の実力を世界に見せ付け、日本を「製造立国、輸出立国」にするのだという心意気は脆《もろ》くも潰《つい》え去った。それは……、

「配属先は主計部《しゅけいぶ》」

という一言だった。主計部とは、三菱商事全体の予算、決算を司《つかさど》る部署のことで、いわゆる経理部門の元締《もとじ》めみたいな役所《やくどころ》だった。数十に分かれる事業部門の営業会計や財務、海外の支社や支店の経理、関連独立法人など子会社の会計処理等々《とうとう》、三菱商事関連のお金の流れを全《すべ》て管理する重要な部署であった。

民間企業で、経理の上に主計部を置くなどあまり聞いたことがない。有名なのは大蔵省主計局で、国家予算を司っていることから、霞《かすみ》が関《せき》の各省庁に対して圧倒的な力を持っていた。戦前の話だが、陸海軍にも主計部門があった。海外での活動が欠かせないから、各部の経理を一括《いっかつ》して管理する部署が必要だったのだろう。そういった意味では、三菱商事も海外活動が主たる業務であるから主計部を置くのも理解できるところだ。

ところが昌之にとっては、三菱商事において主計部がいかに重要な部署であろうとも、まるで価値のない部署であった。子供の頃から、一時《いっとき》もじっとしていられない冒険少年であり野人《やじん》であったから、デスクワークで我慢《がまん》できるはずがない。昌之はその配属に失望した。しかし、三菱商事には原則として部門間の人事異動《いどう》はない。一旦《いったん》配属先が決まると、ひたすらそのスペシャリストを目指し、スペシャリストでなければ役に立たないという考えが定着していたのである。だから、主計部から営業部への異動の可能性は皆無《かいむ》ということだった。

商事会社の役割は、一言で言えば海外のクライアントに対してサービスを提供することであった。メーカーは作る専門家、商社はその製品を海外で売り捌《さば》きアフターフォローする、そして、外貨を獲得して国策を支援する。そのためには、国内ではなく海外で利益を上げなければ意味がないとされていた。とくに三菱商事は日本を背負《せお》って立つという気概が強く、霞《かすみ》ケ関《せき》の官僚と一緒になって外貨獲得に奔走《ほんそう》した。当時の官僚は、日本の復興《ふっこう》のために骨身《ほねみ》を惜《お》しまず努力した。三菱商事もこれに呼応《こおう》した。そういう時代だった。

昌之は、三菱商事に入社して先ず第一に「企業理念、三綱領《こうりょう》」というものに出会った。いわゆる社是《しゃぜ》であるが……、

「所期奉公《しょきほうこう》」
「処事光明《しょじこうみょう》」
「立業貿易《りつぎょうぼうえき》」

というものだ。三菱4代目社長の岩崎小弥太《いわさきこやた》の訓諭《くんゆ》を基にして行動指針としたもので、新入社員は入社して先《ま》ず「商事の人間は、社是を基準にして物事を判断するべし。他の商社が裏で汚《きたな》い行為をし、それによって競争に負けたとしてもよしとする」という精神を徹底的に教え込まれた。

昌之の心の中には、いつも三綱領が息づいていた。コンプライアンスという言葉を当たり前のように口にするのも、三綱領の精神によるものであろう。その昌之が、世界を飛び回ることを夢見て入社した三菱商事は、冷たくも営業ではなく経理に配属したのだから世の中はままならない。

昌之は海外の支店、支社の経理担当となった。三菱商事の主計となれば、国家予算とまではいかないが、地方自治体とは比べものにならないほどの額を取り扱う。しかも当時は、昭和24年に施行《せこう》された「外国為替《かわせ》及び外国貿易管理法」で雁字搦《がんじがら》めの状態だった。通称、外為法《がいためほう》という法律は、外国為替と外国貿易を厳しく管理するために制定された法律であるが、商社は商社としての役割を果たさなければならなかった。

メーカーはものを作る、作ったものを海外で売りたい。しかし、売ろうにもルートがないし、ノウハウもない、人脈はもちろんない。そこで商社の出番となるわけだ。商社は時間を掛けて、延々《えんえん》と培《つちか》ってきた商業圏《しょうぎょうけん》を持っている。長年掛けて築《きず》いてきた現地企業との信頼関係がある。それ故に、役割が果たせるのだ。

面白いことに、この商社という機能は日本固有のものと言ってもいいくらいで、他国には見られないシステムである。他国においては、各企業は海外進出してビジネス展開ともなればダイレクト取引が常識だった。日本においても昨今は、海外への事業展開のとき、支社設立から代理店との契約、決済方法、為替の問題など全《すべ》て自社で解決する企業も現われてきた。そこで、商社不要論が持ち上がってくるのだが、海外での取引の複雑さやリスクを考えると、自社処理が必ずしも安いというほど単純ではないから、商社の役割は相変わらず健在で、3％の手数料を払っても、価値があるということになるのである。

ただ、時代が変わってきたことも確かで、政府は「貿易立国から内需拡大へ」と言うようになってきた。つまり、従来《じゅうらい》どおり、外国で「もの」を売り買いすることだけでは取り残されてしまう、そこで……、

「ものがだめなら、知恵を売れ」

と商社が言い始めた。そして具体的に新しいビジネスに力を注ぎ始めた。それが、ソフト＝知恵の輸出というわけであるが、海外に投資してそのリターンを得る仕組みを作り、活路を見出《みいだ》そうとしているのである。嵩張《かさば》ったものを売るのではなく、見えないもの、つまり知恵の輸出の時代に突入しているのだ。いずれにしても、輸出を抜きにして日本に活路はないだろう。

さて、ここで昌之は頭を切り替えた。世界の三菱商事に就職して、男の職場と思った次の瞬間、なんと海外支社、支店の経理担当に命じられたのだから無念であったが、キーワードは外為法だ。昭和24年に制定され、昭和55年の大幅な規制緩和まで30年以上も貿易を管理していた法律だが、この外為法でどの企業も頭を痛めていた。昌之はここに目を付けた。

「外為法を守っていてはビジネスは成り立たない」

と昌之は直感した。それに、貿易となれば相手国の税制や規制も熟知《じゅくち》していなければならない。世界中の経理部門が相手だから、予算／決算時期は夜中でもかまわずに次から次とＦＡＸが入ってくる。外貨を国外に持ち出せない外為法をまともに守っていたら、日本はどこの国からも相手にされない。昌之の戦いはここから始まったのである。

「きっと外為法には抜け道があるに違いない」と昌之は漠然《ばくぜん》と考えた。「役人と癒着《ゆちゃく》できないような奴は出世できない」と囁《ささや》かれた時代だ。昌之が三菱商事に在職したのは9年間で、全貌《ぜんぼう》を掴《つか》むまでに至らず「蛇《じゃ》の道はへび」の段階には達《たっ》しなかったが、その匂いは漠然と感じた。さらに、緊急を要する案件であれば、昌之一人のサインで……、

「金員《きんいん》の出入《だしいれ》が決済できる」

ことが分かった。外国の支店や支社に送るFAXには、通常、課長、部長、専務の印鑑《いんかん》が並ぶのだが、緊急となれば昌之一人のサインで多額の金員が動いた。実は、これには裏があって、課長、部長は経験豊富だから危険な出金と感ずれば印を押さずに上に回す、上も同じくそれを承知して✓印ひとつで昌之に戻す。そうとも知らず、「俺のサインで多額の金員が動く」と思ったのだから甘いものだ。つまり、いざとなれば昌之がトカゲの尻尾《しっぽ》になって切られるわけだ。営業を希望していたのに経理部門に回され、悶々《もんもん》としていた昌之だったが、主計という部署の力を知って驚くというより重大なる責任を感じたのである。

昌之は毎日、目の回るような忙しさだった。今でこそ、世の中の企業はみんなグローバル、グローバルと連呼するが、当時の日本で世界を相手に商売する企業などそう粗《ざら》にあったわけではない。「商事と物産」といえば、三菱商事と三井物産の2大商社のことだが、この2大グループが本当に世界を股《また》にかけて勝負をし、国益のために力を尽くした。

オーケストラの名前はダイヤモンドポップス

昌之の所属する主計部は三菱商事の中枢《ちゅうすう》で、昼夜を問《と》わず全世界からいろいろな数字がテレックスで送られてきた。徹夜も当たり前、泊込みは日常茶飯事《にちじょうさはんじ》という生活だったから、学生時代の仲間と演奏を楽しむ時間など持てるものではなかった。一人でチェロを弾くことさえ難しかった。

しかし、そうは言っても昌之の頭の中はいつもチェロで一杯だった。幸いなことに、三菱商事のビルの周りには三菱グループの企業が集まっていた。千代田化工、三菱電機、三菱化成、三菱重工、日本郵船などなど。昌之は、まず商事の社員名簿をチェックして、楽器のできるものを探《さが》した。当時は個人情報保護法なんていう洒落《しゃれ》た法律はなかったから、生年月日から学歴、趣味など記載され、趣味音楽、楽器なになにまで探すことができた。昌之は、これはという人に声を掛けた。残業がない日には仕事帰りに集まって、練習というより思い思いに音を出して気分を盛り上げ始めた。

商事の人たちが集まって楽器を鳴らしているという噂《うわさ》はそれからそれと伝わって、昌之が声を掛けるまでもなく、人が集まってきた。昌之は、相変わらず名簿を漁《あさ》って楽器の編成を考えながら人を集めた。問題は中心になる人が必要だということである。そこで学生時代からの友人で、日本郵船にいた前田利祐《としやす》にお願いして指揮《しき》者となってもらった。前田は加賀百万石の18代目で、昌之の音楽仲間だった。三菱商事の地下の一室を借りて練習の場所とした。最後に楽団の名前だが、三菱に因《ちな》んで「ダイヤモンドポップス」と名付けた。いまにして見れば、中々《なかなか》いい名前ではないか。それはそうとして、前田はみんなの力量を忖度《そんたく》して曲目を選んだ。

「ウインナーワルツにしよう」

と前田が言った。これがダイヤモンドポップスの最初の一曲であった。以来、ダイヤモンドポップスは大いに盛り上がり、朝日新聞社が所有する朝日ホールで定期演奏会を開催するまでになった。昌之は一時諦《あきら》めていたチェロの演奏ができる喜びを噛《か》み締《し》めたのである。改《あらた》めて、音楽のない日々のいかに虚《むな》しいことかということを染々《しみじみ》と感じた。

松尾裕子を指差して、お見合い

そんなある日……、

「昌之さんにどうかしら」

とお茶のお弟子《でし》さんがお見合い写真を5枚持ってきた。昌之の母・泰子はお茶の先生をしていて、お弟子さんの中に世話好きな人がいた。泰子もちょうど昌之の結婚のことを考えていたところだった。商事に就職して3年経ち、仕事は忙しいし、楽団まで作って音楽の練習に明け暮れている。ろくな食事もしないし、睡眠不足も明らかで、このままじゃ大変だ体を壊《こわ》してからでは手遅れだ……、

「支えてくれる人を見付けなくては」

と考えている矢先だったから、
渡《わた》りに船《ふね》とばかりに昌之を呼んで……、

「お見合いするとしたらどの方《かた》がいい？」

と尋《たず》ねたのだ。昌之は……、

「強《し》いて挙《あ》げればこの人かな」と指差《ゆびさ》した。

「松尾裕子さんね」

と泰子が念《ねん》を押《お》すように言った。


まだ結婚のことなど考えていなかった昌之は、多少照《て》れ乍《なが》ら現実感もなく気軽に答えた指の先に松尾裕子がいた。

日本電波塔《でんぱとう》株式会社の取締役《とりしまりやく》で、東京タワーの建設に携《たずさ》わり総合電波塔生みの親となった松尾三郎の娘だった。驚いたのはそれからで……、

「今度の休日は空《あ》けといてね」

と、泰子はお見合いの日取りを昌之に告げた。電光石火《でんこうせっか》とはこのことか、泰子らしい事《こと》の運びだった。昌之に心の準備もさせぬまま間髪《かんぱつ》を入れず相手方に通知した。

当日、松尾親子が三人で、運転手付きの車に乗って岡田家に到着した。昭和38年のことだから、車に乗る人も少ないころ、運転手付きというので、昌之は松尾三郎が唯《ただ》ならぬ人物だと思った。

二人はそれから何回か一緒に食事をした。初めから、この人と結婚するのだという気持ちで会っていたから、二人の会話はお互いを探《さぐ》り合うようなやり取りはなく、趣味の話に終始した。何回目だったろうか、突然裕子が……、

「私は絵画、あなたは音楽、趣味が相交《あいまじ》わることはありませんよ」

と切り出した。さらに、「趣味についてはお互いに干渉《かんしょう》しないこと」、それが裕子から出された結婚の条件だった。そういえば、他に条件らしい条件も言わず、唯一の条件というの

がこのことだった。裕子は小さいときから絵画の才に秀《ひい》でていて、日本女子大付属の中・高校時代には、絵を描《か》けば必ず表彰《ひょうしょう》され、掲示板《けいじばん》に貼《は》り出された。

昌之と裕子は、善男善女の見本のごとく昭和38年晴れて結婚した。二人は結婚の条件の通り、趣味についてはお互いに干渉もなく詮索《せんさく》もしなかった。というより、相手の趣味について知識も興味もなかったと言う方《ほう》が正しいかもしれない。だから、裕子は結婚してからも、気兼《きが》ねなく先生について絵画の研鑽《けんさん》に励《はげ》んだ。

裕子は日本画を描いた。裕子の絵は、色の上に色を重ね、あるときは掃《は》くように、あるときは点描《てんびょう》のごとく、自分の納得のいく深みが出てくるまで根気強く仕上げていくものだった。こういうと油絵のように聞こえるかもしれないが、あくまでも日本画の技法に基づく描き方で、顔料《がんりょう》も伝統的な岩絵具《いわえのぐ》を使っていたようだ。詳《くわ》しいことは分からないが、作品を見ると明らかに日本画で、しかも……、

「色のアンサンブルは見事なものだった」

二人の生き方を傍《かたわら》から見ると、お互いが強情《ごうじょう》を通しているように感じるかもしれないが

まったく逆で、二人の考え方や行動は相手を十分に慮《おもんぱか》ったものだった。例《たと》えば、裕子は家でデッサンをすることはあっても決して絵筆《えふで》を握ることはなかった。絵筆を握《にぎ》ると夢中になる自《みずか》らの性格を心得《こころえ》ていて、嫁《とつ》いだ家のことが疎《おろそ》かになったり、昌之を蔑《ないがし》ろにすることを心配していたのだろう。

一緒に旅行をしたときなど、

昌之は裕子のスケッチブックを覗《のぞ》き込《こ》むことはあっても、家に帰って絵筆を持って完成させた作品を見ることはなかった。

昌之は昌之で、仕事が忙しい所為《せい》もあって、

家でチェロを引っ張り出すことなどなかった。

一度だけ、友人が家にきて一緒に演奏したことがあった。

そのとき裕子は、「あなた、へたくそね」と……、

憎まれ口をたたきながらお茶を持ってきた。

きつい言葉のように思うのだが、まったく刺《とげ》のないその言い方は、逆に……、

「あなた、案外上手《あんがいじょうず》ですね」

と言っているように感じた。

裕子は続けて……、

「夫婦の趣味が違うのも、なかなかいいものですね」

と言い、昌之もその言葉に頷《うなず》いた。


昌之は、音楽会にも一人で行った。裕子を誘うこともなく、裕子もまた興味を示さなかった。ところが、困ったことが起こった。音楽仲間が次々に結婚して、音楽会には夫婦同伴でというのが常識になったのである。そうなると、自分だけは一人というわけにもいかない。ここで、結婚の条件を壊《こわ》す努力が始まった。


「今度、またとない音楽会があるんだが……」

「そう?」

「お前も来ないか、これを聞き逃す手はないぜ」

「そう?」

「帰りはレストランで豪華な食事でも……」

「そう?」

「演奏の間は寝っててもいいんだ」

「……」

「頼むよ、今回だけは」

食事で釣《つ》って連れ出した音楽会だったが、裕子は満更《まんざら》でもなかったようだ。次第《しだい》に、裕子は昌之と一緒に音楽会に顔を出すようになった。その代償《だいしょう》というわけでもないが、裕子が展覧会に行くといえば、昌之は車を出して運転手を務《つと》め、お付きで会場を回るようになった。

「趣味が相交《あいまじ》わることはありません」

という宣言で始まった結婚生活であったが、二人の趣味は僅《わず》かではあるが交流し始めたように見えた。義父・松尾三郎の会社に入り、新しい一歩を踏み出した頃である。

演奏会場へ駆け込む

サラリーマンの身で、仕事に支障を来《きた》さず、上司から嫌《いや》な目で睨《にら》まれず、周りのものから後《うし》ろ指差《ゆびさ》されずに好きな道を追求しようとすれば、はたの人から「なんだあいつは」と陰口《かげぐち》をきかれるだろう。生きるというのは結構難しいものである。しかも、高度経済成長期にあって、エリート社員なら尚更《なおさら》のことだ。

「音楽会があるので早退させてください」

などと言えるものではない。そんなことを言おうものなら、間違いなく「あいつは会社を嘗《な》めている」と罵倒《ばとう》された。いくら人格円満な人でも、嫉《そね》む人、妬《ねた》む人の一人や二人はいるもので、彼らはこのときとばかり批判《ひはん》の矢を射《い》かけるのである。大企業の場合はそれが日常で、その辺《あた》りを心得ていないと生き抜けない。昌之の音楽好きは職場で有名であったが、それでも音楽会のためにちょっと狡《ずる》をすることまで認めるわけではない。

昌之は高校3年のとき、昭和29年（1954）のことだが、母の勧《すす》めでNHK交響楽団の定期演奏会会員になった。現在も継続している会員では最古参《さいこさん》かもしれない。当時、N響の常任指揮者はオーストリアの指揮者だったクルト・ヴェスだったが、名誉指揮者としてヨーゼフ・ローゼンシュトックがいた。両名とも正統的なドイツクラシックの演奏で、昌之は彼らが作り出す音楽に魅了され、以来、ドイツクラシックのファンになった。

三菱商事に入った昌之は、仕事の進捗《しんちょく》を把握《はあく》し、周囲の目も考慮してN響の定期演奏会に照準《しょうじゅん》を合わせた。当日ともなれば、午後にはそわそわし、仕事も捗《はかど》らず、残業になってはならぬと焦《あせ》れば焦るほど帳簿の数字が空回りするという状況だった。ぎりぎりまで頑張るのが昌之の持味で、数字が合ったことを確認して、悠然《ゆうぜん》と……、

「お先に失礼します」

というタイミングが難しいのである。このとき、上司から「君、ちょっと」と呼び止められたら万事休《ばんじきゅう》すだ。幸いなことに、みんなも椅子《いす》からボチボチ立ち上がる頃だから、昌之の「失礼します」という挨拶《あいさつ》は何事もなくかき消された。

ドアを出るまではゆっくりと、出たら後は……、

「脱兎《だっと》のごとし」で、

皇居のお堀端を走り、内堀通りに出て、日比谷公園を突っ切り、演奏会場の日比谷公会

堂を目指《めざ》す。その間約10分。開演直前、昌之の駆《か》け込みは有名になった。背広を着てネクタイ姿の昌之が汗だくで駆け付けるのだから、会場スタッフも必死になって応援した。

チェロは人生を語る

昌之の音楽嗜好《しこう》は当初、母・泰子の影響で交響曲に偏《かたよ》った。泰子のレコードコレクションには交響曲が多かったし、N響の定期演奏会に行くようになってますますその傾向が強くなった。ベートーベンやチャイコフスキーは昌之にとって子守歌のようなものだった。しかし、慶大に入学しMRK（三田レコード鑑賞会）に入部してからは、細分化された音楽の聴《き》き方があることを知った。

この頃、最も影響を与えたのはMRKの先輩で西川さんという方だった。西川さんは昌之に「室内楽」の良さを教えてくれた。西川さんというのは、布団《ふとん》で有名な西川産業の御《おん》曹司《ぞうし》だった。聞くところによると、西川産業の歴史は古く、琵琶湖《びわこ》の側の近江八幡《おうみはちまん》で商売を始めたのが１５６６年というから、織田信長が歴史に登場してきたころだ。

昌之は、ベートーベンのカルテットを中心に室内楽に傾倒《けいとう》していった。当時はまだレコードがとても貴重《きちょう》な時代で、特に室内楽のレコード盤《ばん》は日本では殆《ほとん》ど流通していなかった。その貴重な室内楽のレコードが、信濃町《しなのまち》にある西川さんのお宅《たく》には数多く集められていたから、昌之はよく聴きに行った。オーケストラの奏《かな》でる交響曲や協奏曲もいいが、昌之の好きなチェロの醍醐味《だいごみ》を味わうには……、

「室内楽でなければ……」

と思った。カルテットにしてもトリオにしても、チェロの存在が際立《きわだ》っている。楽曲を下《した》支《ざさ》えして組み立て、ときに前面に出てきてメロディーを奏《かな》でる。交響曲ではそうはいかない。室内楽だからこそダイナミックな響《ひび》きを聞き取れるのである。演奏が始まり、チェロの流れはやがて激流となって岩を打つ。そのとき……、

「チェロは、確かに主役となって躍《おど》り出た」

昌之は主役となったチェロに興奮し、「なぜだ？」と問いかけた。それは、裏方の人生に似ているではないか。弛《たゆ》まぬ努力を続け、ときとして大胆に決断する、昌之は、自分のライフスタイルは「かくあるべし」と思った。

ベートーベンは、自分の持てるエネルギーをカルテットに注《そそ》ぎ込んだのではあるまいか。初期においてはモーツァルトが持っている若き情熱が伝わってきた。中期の作品からは成熟《せいじゅく》したベートーベンの真髄《しんずい》を堪能《たんのう》することができる。しかし、何といっても後期のカルテットはベートーベンの生涯そのものなのである。これは演奏する人々も聴く人々も同じく体感するものではないだろうか。四重奏曲は演奏者が一人変わると別物《べつもの》になるという。演奏者個々《ここ》の人生そのものが調和《ちょうわ》されるからであろう。人が調和しなければ音も調和しない。室内楽は音楽のバックボーンであり、人生を語る音楽なのだ。そうか、だから昌之は……、

「音楽、そしてチェロがなければ私の人生はなかった」と言うのか。

ここで一つチェロの演奏会の話をしよう。昌之にとって忘れられない演奏会の話だ。イ

タリアのチェロ奏者エンリコ・マイナルディの演奏があった。なるべくチェロを近くで聴きたいと思い、特別席のチケットを入手して演奏会場に行った。昌之にとって、チェロの生演奏はそのときが初めてだった。

チェロは弦《げん》を押さえて音を決める指板《しばん》が長く、音程が取りにくい楽器であるが、エンリコ・マイナルディの音程は正確精緻《せいち》そのものであった。バッハの無伴奏組曲の演奏が始まってしばらくしたとき、観客の一人が咳払《せきばら》いをしてしまった。マイナルディは即座《そくざ》に演奏を中断し、観客に向ってイタリア語で何か捲《まく》し立て、舞台から降りてしまった。会場はシーンと静まり返り、状況を見守った。

どのくらい時間が経《た》ったろうか。マイナルディは舞台に戻ってきて、最初から演奏を始めた。昌之にとって、後にも先にもこんな経験は初めてだった。考えてみれば、人の心を掴《つか》んで離さないチェロの演奏会だ。咳払い一つで演奏が中断されてもおかしくない。昌之は、チェロという楽器の恐ろしい一面を見たような気がした。

チェロと絵画

「チェロの音の重なり具合が、私の絵に似ているわ」

と、妻の裕子が初めて音楽の話題を自分から口に出した。東京・三鷹《みたか》にある武蔵野《むさしの》文化会館で、ロシアから招待《しょうたい》されたサンクト・ペテルブルグ・チェロ・アンサンブルの演奏会に行ったときの話だが、演奏が終わって会場から出た裕子は、思わず「私の絵に似ている」と声を弾《はず》ませたのである。

これまで裕子は、音楽に対して一切批評も評論もしなかった。昌之も同じで、絵の展覧会に同伴《どうはん》はするものの、批評は一言もしなかった。この夫婦の約束事だったのかもしれないが、それ以上にお互いの趣味や好みを尊重《そんちょう》していたからであろう。

その禁が破られたのである。しかも、裕子から破ったのだから、昌之は心から喜んだ。昌之は正直のところ、喜んでいる自分が不思議に思えた。裕子は続けて……、

「重厚《じゅうこう》でバラエティに富《と》んだ演奏が、私が求めている絵画に通じていたのよ」

と、はっきり自分の気持ちを整理して昌之に伝えた。昌之は、これこそ音楽のエネルギーだと思った。作曲家のエネルギー、それを演奏するもののエネルギー、そして楽器そのものに宿るエネルギーが聴くものを魅了して止まないのだと思った。そういえば……、

「妻の絵にはチェロの合奏《がっそう》が感じられる」

と思ったが……、
ときすでに遅《おそ》しである。

お互いがそれぞれの道を行けばいいと思っていたのだが、
自分の絵とチェロを重ね合わせて……、
先に「禁を破った」裕子に昌之は、

「負けた！……」と思った。

このとき裕子は、娘二人が成人し、子育てが一段落したことを確認して、いちから絵画を学びたいと考え武蔵野美術大学に通《かよ》っていた。彼女の絵は100号のキャンバスに、少しずつ根気よく繊細《せんさい》に絵の具を重ねていく描き方で、迸《ほとばし》る彼女のエネルギーが観るものを

圧倒した。


裕子は、サンクト・ペテルブルグ・チェロ・アンサンブルの演奏を聴いた日に、会場でCDを購入した。

CDのタイトルは……、

「夢の後に／白鳥」であった。

この日購入したCDは、
裕子の聴く定番クラシックとなった。

昌之が……、

「どうだ?」と聞くと、

「悪くないわ」と答えた。

まさかこのCDが、
裕子の葬送の曲になろうとは、
神ならぬ身の知《し》る由《よし》もなかった。

楽器はオールドイタリアン、ジョバンニ・グランチーノ

昌之は、MRKの先輩からチェロを貰《もら》い受けたが、オンボロでまともな音が出ない。楽器が歪《ゆが》んでいて、それを抱えているとこっちの気持ちも歪《ゆが》んでしまうような気がした。そこで、チェロの先生に薦《すす》められてカール・ヘフナー社のチェロを購入《こうにゅう》した。三菱商事に入社した後も、しばらくはヘフナーを使っていたが、間もなくレベルアップを考え始めた。先《ま》ず、給料の貯金。ある程度まとまったところで、今持っている楽器を下取りしてもらって次の楽器を購入するという計画だ。

こうして購入したチェロは大量生産のモダンイタリアンだった。音はそれまで使っていたドイツ製などに比べ、一段と明るい音色《ねいろ》で昌之好みだった。弾きやすいのも魅力の一つで、ダイヤモンドポップス時代には、このチェロが大いに活躍した。しかし、昌之の楽器

熱は一向《いっこう》に冷《さ》める様子もなく、また貯金が始まった。

その矢先《やさき》に、結婚が決まって、楽器のことは諦《あきら》めようと思っていたとき……、

「神は我を見捨てず」

で、三菱商事の給料がなんと一律30％アップという春の珍事《ちんじ》が起こった。これなら貯金ができるぞと思って、昌之はこつこつお金を貯め始めた。友人に相談したところ、彼が薦《すす》める楽器は高嶺《たかね》の花で、昌之がいくら貯金してもとても買える代物《しろもの》ではない。それもそのはずで、相談相手が悪かった。ワグネル・ソサイエティの同期生で、持っているヴァイオリンがストラディバリ、その彼が……、

「楽器はオールドイタリアンに限るよ」

と宣《のたま》ったのである。昌之は諦《あきら》めずに、彼がストラディバリを購入した店に行って話を聞くことにした。連れて行ってもらい、試しに弾かせてもらうと、「楽器はオールドイタリアン」という言葉が、ストンと腑《ふ》に落ちた。昌之の気持ちはますます強まった。

昌之は、9年間勤めた三菱商事を退職し、妻・裕子の父が経営する会社に入社した。もちろん、楽器の夢は消えるどころかますます輪郭《りんかく》が見えてきた。昌之の義父・松尾三郎については、第3章で述べることにするが、社長にでもならなければ買うことのできない楽器だった。昌之が後継社長となるまでには20年の歳月《さいげつ》を必要としたのであるが、その間「オールドイタリアンのチェロ」は昌之の頭から消えることはなかった。

社長になってしばらく経《た》ったある日、昌之の心に火を点けた文京楽器から連絡が入った。

「これは絶対に持っていたほうがいい名器ですよ」と言って取り出したのが、イタリアのミラノ製……、

「ジョバンニ・グランチーノ」

だった。グランチーノを見た瞬間、昌之は……、

「これだ」

と電撃が走った。よく、ペットショップに行って「俺を待っていた動物に会った」という話を聞くが、このときばかりはその比ではなかった。「グランチーノを弾きたい」

という昌之の気持ちは揺《ゆ》るぎないもので、その場で購入を決めた。

「ジョバンニ・グランチーノ」の鑑定書《かんていしょ》を見てみよう。ジョバンニが1682年に製作したと書いてある。前所有者はミッシェル・ゴールドブラットというアメリカ人で、ルイジアナに住んでいる。鑑定書は、権威《けんい》あるジェフリー・フシ（Geoffrey Fushi）が1988年に書いたとある。特記事項記載欄には、「グランチーノ」の胴体にある「鳥の目」が鑑定根拠として書かれていた。ボディは、Back Lengthが75・3㎝、U・Bが34・5㎝、C・Bが24・4㎝、L・Bが44・3㎝である。

さすがにこの高価な買物に、妻の裕子は口を差し挟《はさ》まずにはいられなかった。反対されることが分かっていたから、昌之は一切相談する事無く購入を決めたことも裕子を逆撫《さかな》でした。裕子は、一流の演奏家が所有して初めて楽器は生かされると言い……、

「そんなものを持ってどうするの」

「あなたみたいな人が持つべき楽器ではないでしょう」

「楽器が可哀相《かわいそう》でしょう」

と畳《たた》み掛けるように昌之を責《せ》め立てた。昌之はたじたじとしながらも……、

「グランチーノは株じゃないから減るもんじゃない」

「元本《がんぽん》割れ絶対にない、オークションに出せば相当な値段が付く」

「いわば、安定した資産なのだ」

と苦《くる》しい言い訳《わけ》をした。昌之の形振《なりふ》り構わぬ説得に、裕子は草臥《くたび》れてしぶしぶ納得した。決め手となったのは、「グランチーノに縁《えん》を感じるんだよ」という一言だった。


余談であるが、「グランチーノ」はウィーンの楽器博物館にも展示されている。昌之の購入したものから7年後の1689年にジョバンニ・グランチーノが製作したもので、入り口を入ると正面にあるガラスケースの中に鎮座《ちんざ》し、真っ先に来場者を迎えているのである。グランチーノは300年以上も生き続け、人に語り掛けているチェロの名器だ。昌之はウィーンを訪《おとず》れるときには必ず楽器博物館を訪ね……、

「お前の姉貴《あねき》はちゃんと大切にされているよ」

と話し掛けるのである。昌之は家のガラスケースに保管《ほかん》しているが、湿度《しつど》の調整が肝心《かんじん》で、

特に梅雨《つゆ》の季節は要注意だ。シリカゲルを使うこともあるほどだ。しかし、大事にするのもいいけれど、何といっても取り出して……、

「バッハを弾くのが一番ではないか」と思っている。

昌之は相変わらずチェロの先生に付いて指導を受けているから、1年に1度は発表会がやってくる。昌之はその教室の最古参《さいこさん》で、発表会のときは必ず〝取りを執《と》る〟ことになっている。このときがグランチーノの晴舞台《はれぶたい》というわけだ。昌之の高価な買物は、間違いなく昌之の人生を豊かにし勇気づけてくれているのである。

「それにしても、腕前がね」

と昌之は申し訳なさそうに言う。聞くところによると、昌之が尊敬して止まないパブロ・カザルスですら、自分の部屋に並んでいるチェロを眺め、ストラディバリを指差して「私にはもったいない」といって使わなかったという。裕子は「楽器が可哀相《かわいそう》でしょう」といって分不相応《ぶんふそうおう》な昌之を窘《たしな》めた。しかし、昌之は負《め》げなかった。宮沢賢治《みやざわけんじ》の「セロ弾きのゴーシュ」を引き合いに出して……、

「ゴーシュは、ネコやカッコウ、タヌキやノネズミに励《はげ》まされてね……」

「チェロを弾き、人生を考えたんだよ」

と言うのである。そして昌之は、「セロ弾きのゴーシュ」の中で心を打たれるところがあると言って、野ネズミのお母さんがゴーシュに「子供の病気を治してください」と頼む場面の話をする。

> 「ああ、この子はどうせ病気になるならもっと早くなればよかった。さっきまであれくらいゴウゴウと鳴《な》らしておいでになったのに、病気になるといっしょにぴたっと音がとまって、もうあとはいくらおねがいしても鳴らしてくださらないなんて。何てふしあわせな子どもだろう。」
> ゴーシュはびっくりしてさけびました。
> 「何だと、ぼくがセロを弾《ひ》けばミミズクやウサギの病気がなおると。どういうわけだ。それは。」
> 野ネズミは目を片手でこすりこすり言いました。
> 「はい、ここらのものは病気になるとみんな先生のおうちの床下にはいってなおすの

でございます。」
「するとなおるのか。」
「はい、からだ中とても血のまわりがよくなって大へんいい気持で、すぐになおる方もあれば、うちへ帰ってからなおる方もあります。」

と書いてある。チェロの音色は人の心に優しく触れて、血の巡《めぐ》りをよくする効能があるのかもしれない。そういえば、妻の裕子を亡くしたとき、空《から》っぽになった昌之を支えてくれたのは、グランチーノだった。会社から戻るとグランチーノが待っていた。

昌之は着替《きが》えもせずに椅子《いす》に腰を下ろして、グランチーノに「疲れたよ」と声をかけた。そして、何とは無しにバッハの無伴奏チェロソナタを弾き始めると、重い頭が少しずつ軽くなっていったのである。

私はチェロ

私の生まれはイタリアのミラノ。
ジョバンニ・グランチーノの手によって1682年に産声《うぶごえ》を上げました。
それから327年、健康を保ち、いま最高の状態です。
これから何百年も活躍して愛されます。

私の身体ですが、身長は75・3センチ、
スリーサイズを申します。
上から、34・5、24・4、44・3、というプロポーション。
自分で言うのも何ですが、美形と言われて、私がその心算《つもり》。

表板は椅麗《きれい》な木目の蝦夷《えぞ》松で、裏板はちょっと厚めの楓《かえで》です。
そうそう、裏板には私の目印「鳥の目」がありますよ。
頭も楓《かえで》、美しいスクロールにご注目。
化粧の色はオレンジブラウンのニス仕上げ。

ここに来たのは20年前、それまではゴールド・ブラットさんのところ。
彼はS響の首席チェロ奏者。Sというのはサンフランシスコのこと。
今の彼は下手の横好きで、馴染《なじ》むのにちょっと苦労したけれど、
いい方だから幸せです。

彼ときたら、学生時代にパブロ・カザルスに嵌《はま》ってしまい、
そこからチェロを始めたのだから仕方がない。
でも、大器晩成《たいきばんせい》というでしょう?
努力は惜しまず、文句も言わぬ、やっぱり「セロ弾きのゴーシュ」ね。
彼の目標は、バッハの無伴奏チェロソナタ6曲。
死ぬまでに何とか、と言ってるけれど……、無理じゃない?

分相応《ぶんそうおう》の小曲をコッコッと……、
でも、彼は分かってないのよね。

そうそう、私の相棒《あいぼう》がすばらしいから紹介するわ。
弓がなくちゃ音は出ませんよね。
1835年、フランス生まれのニコラス・ヴォアラン。
弓はフランスものに限ると言うけれど、その通り。

チェロって楽器ご存じ？
私と彼の接点が3箇所あるってこと。両膝《ひざ》の内側と胸。
だから、私の振動《しんどう》が彼の全身に伝わるの。
他の楽器と違うでしょう？

私の弟も紹介しておきますね。
7歳年下の1689年生まれ。
もちろん、作者はジョバンニ・グランチーノ。
いま、ウィーン楽器博物館の正面玄関に座っています。

昌之君は私より250歳《さい》も年下ですが、元気、元気。
我が儘《まま》OK、怠《なま》けはダメよ。
これからずうっと付き合って行きますから、
皆さん、応援してやってくださいね。

第3章

IT

ニッポン放送に入社した松尾三郎

どんな産業にも、商売にも黎明期《れいめいき》というものがある。新しい文化や芸術が始まろうとするとき、夜明けにも似たその瞬間を見た人が、黎明のときと名付けたのであろう。ある分野がいま隆盛《りゅうせい》を極《きわ》めているとして、だれもがその黎明期のことを知りたいと思うのはごく自然だ。そしてそれは、好奇心《こうきしん》や衝動《しょうどう》に駆《か》られるというほどのことではない。昌之もいま同じことを考えていた。

昌之が生きてきたITという業界の黎明期を考えたとき、最も身近なところに、黎明期に生きた人間がいることに気が付いた。その人間とは、昌之の岳父《がくふ》・松尾三郎《まつおさぶろう》であった。世の中には「草分《くさわ》け」という言葉があるが、未開《みかい》の草深い土地を切り開き、集落《しゅうらく》を作り上げる意味である。松尾は、まさにIT業界の「草分け」だったのだが、なぜIT業界に足を踏《ふ》み入れたのか、その切《き》っ掛《か》けは何だったのかあまり知られていない。ただ、風貌《ふうぼう》や言《げん》動《どう》から「恐い人」と思われていたことは確かだ。「恐い人」ってどういう人か。

その前に話さなければならないことがある。東京の名所、東京タワーの建設に松尾三郎という人物が関《かか》わっていたことである。関わっていたというより、東京タワーの建設の切っ掛けを作ったと言ったほうが正しい。松尾は逓信省《ていしんしょう》（昭和24年郵政省と電気通信省に分かれた）の役人で、電波行政が専門であったから、ラジオ・テレビの時代がくることを予期《よき》して、東京に雨後《うご》の竹の子のように出現したラジオ・テレビ局に対してある一つの危惧《きぐ》を抱《いだ》いていた。それが東京タワーの建設に大きく関係するのであるが、そもそも東京タワーはなぜ建設されたのか。

松尾は、昭和13年（1938）に京都大学の工学部電気工学科を卒業して逓信省《ていしんしょう》に入省《にゅうしょう》した。戦時中は、自《みずか》ら志願《しがん》して海軍に入り海軍造兵中尉《かいぐんぞうへいちゅうい》として前線《ぜんせん》にも出た。海軍技術少佐として終戦。戦後、再び逓信省電波局に戻り、昭和22年に京都大学の工学部講師、昭和27年には郵政省電波技術審議会《しんぎかい》専門委員となった。その松尾がニッポン放送にスカウトされたのだから、ラジオ・テレビ業界はびっくりして大騒《おおさわ》ぎとなった。

長い間、NHKの独占事業《どくせんじぎょう》とされてきた放送事業が民間に開放されて、ラジオ局やテレビ局が続々と開局され始めたとき、松尾は……、「このままでは、東京は電波塔《でんぱとう》が林立《りんりつ》して景観《けいかん》どころか航空《こうくう》上危険な都市になる」と警告《けいこく》を発し、「そんな烙印《らくいん》が押されたら、国際都市はどうなるか……、だから総合電波塔の設立が必要である」と主張したのである。この松尾の論文に注目したのは、開局を目前にしたニッポン放送だった。昭和29年の夏までには開局する計画だったニッポン放送の設立委員会は……、

「松尾を獲得《かくとく》せよ、開局に間に合わせろ」と密《ひそ》かに話し合った。

今のような天下《あまくだ》りシステムが定着している時代と違って、国家公務員の使命感《しめいかん》は強靭《きょうじん》で、民間企業に移動したからといって、国家的使命を絶対に忘れないしそれが達成《たっせい》できないような企業には移らないという確固《かっこ》たる信念《しんねん》を持っていた。

松尾を獲得するために、ニッポン放送の開局に向けて根回《ねまわ》しをしていた稲垣平太郎《いながきへいたろう》（吉田内閣のとき通産大臣）といえば、慶大理財《りざい》科を出て古河合名《ふるかわごうめい》に入り、関東大震災《かんとうだいしんさい》のころドイツのジーメンス社と話し合って富士電機《ふじでんき》を創《つく》った人物である。その裏業師《うらわざし》と異名《いみょう》をとった稲垣平太郎が、郵政省に手を回してどんな手を使ったか分からぬが、松尾三郎を獲得した。ニッポン放送開局の3ヵ月前であった。

なぜニッポン放送が松尾を狙《ねら》ったのか。松尾は郵政省のころから電波行政に精通《せいつう》していた。電電公社では海軍時代からの無線技術に専念《せんねん》し、その分野では第一級の技術者であった。ニッポン放送は、「郵政省の電波管理局もテレビアンテナのことを問題にして、電波技術審議会の議題になっているようだ。そこで辣腕《らつわん》を揮《ふる》っている松尾を獲得したら、ニッポン放送が総合電波塔の主導権《しゅどうけん》を握《にぎ》ることができる……」と考えたのである。

総合電波塔という利権争奪の渦中に

ところがここにもう一人、松尾の論文に注目したものがいた。後に電波管理局長となった浜田成徳《はまだしげのり》である。浜田は電気通信学会の会長ともなった人であるが、東京タワーの建設に関して重要な役割を果たし、松尾をその建設に巻き込んだ人物なのである。

さらに、ラジオ・テレビ時代の幕開《まくあ》けに、メディアを代表するもう一人の人物が登場した。産業経済新聞を創業《そうぎょう》した参議院議員《さんぎいんぎいん》の前田久吉《まえだひさきち》である。前田は大阪の人で、大正2年に新聞販売店を始め、新聞配達をして生活したという立志伝中《りっしでんちゅう》の人物であるが、ライバルの正力松太郎《しょうりきまつたろう》が日本テレビ放送網《もう》を開局し、水野成夫《みずのしげお》がフジ・テレビジョンの開局に向けてひた走っているのを見て、自分はテレビ局ではなく電波発信の事業に向かおうと考えた。そのとき、前田は友人の浜田成徳から松尾の論文について話を聞いた。

この辺りの話は、前田久吉に近い人から聞いたことで、前田本人は「どこかの新聞に浜田が書いた〝新年の夢〟という一文を読んで、俺の考えと同じだと思った」と言っているが、実際には浜田が前田に密《ひそ》かに「総合電波塔」の話をしたというのが本当のところであろう。たしかに、浜田の〝新年の夢〟というのは東京新聞の元日《がんじつ》に掲載《けいさい》されたが、宮城《きゅうじょう》内の高台《たかだい》に500メートルの塔を建てるというもので、展望台《てんぼうだい》を作るとか羽田《はねだ》と結ぶモノレールを敷《し》くなどと書き上げ、そうすれば観光収入でテレビ塔の維持費《いじひ》が出るし天皇陛下《てんのうへいか》もお喜び下さると述べたのである。しかし、前田は必ずしも浜田の宮城内建設に賛成していたわけではない。同じく、松尾の「総合電波塔構想」とは程《ほど》遠いもので、松尾は展望台のこともモノレールも観光収入のことにも触《ふ》れていない。真面目《まじめ》な技術者として、電波を発信するアンテナ部分について詳細《しょうさい》に述べた。

たしかに前田も、東京にテレビ塔が林立《りんりつ》すれば、東京という街を台無《だいな》しにしてしまうことを危惧《きぐ》していた。だから、松尾に接近しようとしたのだがときすでに遅しで、ニッポン放送の稲垣が松尾を掠《さら》ってしまい後《あと》の祭りだった。しかし、前田はそんなことで諦《あきら》めるほど柔《やわ》な人間ではない。前田は、すでに電波管理局長となっていた浜田成徳と相談した。

「いい手はないか」と聞いた。すると浜田は……、

「ニッポン放送と手を組め」と答えた。さらに、

「近々、総合電波塔に関する提案を募集《ぼしゅう》するが……」といい、

「ニッポン放送から松尾案が出れば、そこに決めざるを得ない」と言った。

前田はしばらく考えて……、

「稲垣さんと話し合おう、正力が相手だと言えば纏《まと》まるだろう」と言った。

前田は早くも動きだし、稲垣と会った。

「電波管理局がこういう計画を立てて、提案を募集するようだ」と言うと、

稲垣は、「テレビの皆さんは大変《たいへん》ですね、うちはラジオ局だから」と惚《とぼ》けた。

前田は、「正力が動けば流れは変わってしまうかもしれない」と脅《おど》したが、

これは脅しではなく、正力は現在の読売ランドの土地を購入《こうにゅう》し、テレビ業界を牛耳《ぎゅうじ》ることを考えていたのだから、事態は逼迫《ひっぱく》していた。

稲垣は、「こっちには松尾という隠《かく》し球《だま》がある」と言った。

前田はわざと驚いて、「松尾というのは初耳だ」と返し……、

「こっちにも隠し球がある、芝公園《しばこうえん》だ」と核心《かくしん》に触《ふ》れる発言をした。

後に前田は、「芝公園の話を出したとき、稲垣さんは目を白黒させていたよ」と話した。

「これで勝ったと思った」という。「私が土地を確保し、松尾三郎が技術を担当すれば、電波塔はできますよ」と言いながら、「もうこっちのものだ」と思ったというのである。結局、稲垣は前田に次のように返事をした。

「浜田さんの方はよろしく頼む、芝公園は大丈夫《だいじょうぶ》ですね、それなら電波塔の会社設立に当たっては私が発起人《ほっきにん》の筆頭《ひっとう》になりましょう、新会社の人事《じんじ》ですが、私は会長ということで、松尾三郎は技術全般《ぜんぱん》を取り纏《まと》める取締役《とりしまりやく》で入れましょう」と。

政治家嫌いの松尾が電波塔を建設した

松尾は稲垣平太郎、前田久吉、浜田成徳らの駆《か》け引《ひ》きを薄々感じながら、「政治家のやり方は薄汚《うすぎたな》い」と思った。たしかに、ニッポン放送に行くときも政治家が絡《から》み、新会社の日本電波塔に行くのも政治家の思惑《おもわく》に左右《さゆう》された。松尾が政治家嫌いになった原因はこんなところにあったのかもしれない。いや、政治家嫌いの前に技術者の信念〝真理は一つ〟があったのではないだろうか。いずれにしても、松尾はテレビ塔をめぐる利権《りけん》争いの渦《か》中《ちゅう》の人となり、結局、日本電波塔という板垣と前田の謀議《ぼうぎ》の末《すえ》に出来上がった会社の技術担当取締役に就任《しゅうにん》した。昭和32年5月のことである。

松尾の采配《さいはい》は見事《みごと》であったと聞く。しかも、電波発信という使命を完遂《かんすい》するために必要な設備に関してはたとえ螺子《ねじ》一つでも妥協《だきょう》しなかった。特に、建設工事を担当した竹中《たけなか》工務店の工事担当者とはたびたび激突した。松尾が全責任をもって担当したのが、塔の先端《せんたん》に取り付けられている79メートル、80トンのアンテナ部分であった。ここに仕掛《しか》けられているテレビ放送の電波装置とその運用に関して、松尾は上から26メートル部分をＮＨＫに、下の53メートルを民放に使わせることを主張した。これはかなり紛糾《ふんきゅう》したが、松尾の微動《びどう》だにしない技術論は利権優先の者共《ものども》をねじ伏《ふ》せた。かくして、東京タワーは19ヵ月という短期間で昭和33年12月に完成した。

松尾は、電波塔が完成すれば辞《や》めるつもりだった。しかし、前田は……、

「安全、安定運用を見届けずに辞めることは許さない」と言った。

考えてみればそれもそのはずで、台風、地震の日本で、３３３メートルの塔を建てたのだから、工事関係者はしばらくの間、自らの理論と技術に自信を持ちながらも、不安な気持ちで毎日を過《す》ごしていたに違いない。松尾もその一人だったが、彼は風や地震でアンテナの先端《せんたん》部分が1メートル50センチ振《ふ》れても電波発信に影響《えいきょう》はないと断言《だんげん》した。そして、松尾の運命を決する戦後最大の暴風雨《ぼうふうう》が日本を襲《おそ》った。東京タワー完成の翌年9月26日の伊勢湾台風《いせわんたいふう》である。松尾は駐車場に出て望遠鏡《ぼうえんきょう》でアンテナを見ようとした。風速計はぐんぐん上がって45メートルを示したそのとき、松尾の望遠鏡から瞬間《しゅんかん》、アンテナの先端が消

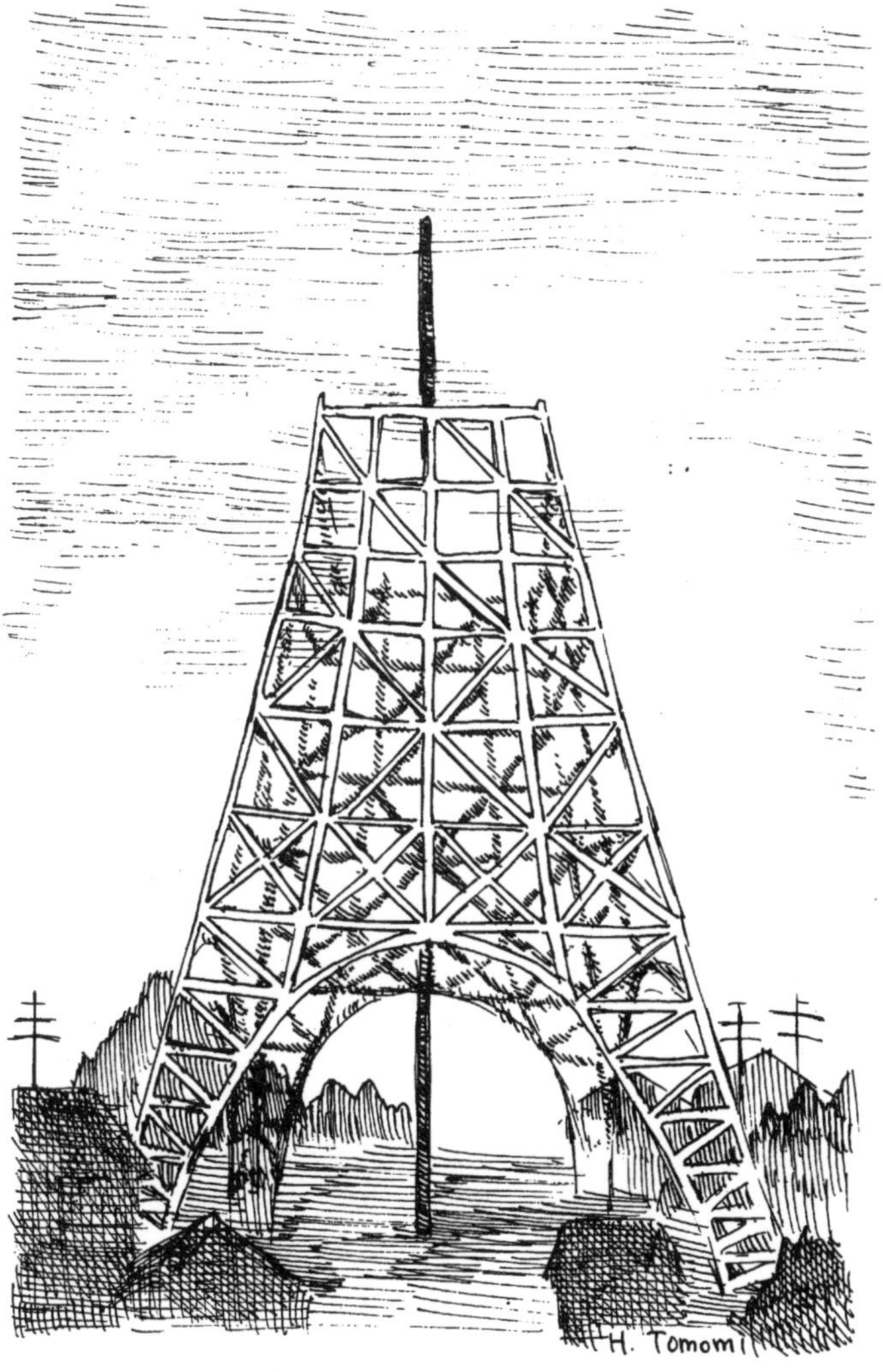

建設中の東京タワー

えた。技術者たちは……、

「風速は何メートルか？」

「アンテナの振れは何センチか？」

「発信状態は？」

など、機械室のデータをチェックして松尾に報告した。風速が47メートルに達し、アンテナの振れが86センチとなった。全員の緊張は最高潮《さいこうちょう》に達し、貧血《ひんけつ》を起こして椅子《いす》に倒れこむものも出た。その場は、悲鳴《ひめい》とも取れるざわめきで包まれたが、松尾は微動だにしなかった。電波発信の状態は正常を保ったのである。

松尾の人生を決定付けたのは伊勢湾台風だったといっても過言《かごん》ではない。それから1ヵ月ほどして、前田が松尾を社長室に呼んだ。

「タワーは君と同じくらい強情《ごうじょう》だったね、やっぱり辞めるか？」

「電波発信の使命を果たしました、別の仕事でお国の役に立ちたいと思います」

「そうか、君は海軍の軍人だったね、軍人魂はいいね」

「ありがとうございます」

「新しい門出《かどで》に、何か餞《はなむけ》のものを差し上げよう」

松尾はその翌年(昭和35年)日本電波塔の取締役を退任した。僅《わず》か3年の勤《つと》めであったが、東京タワー建設という大事業に参加し、テレビ時代の到来《とうらい》に備《そな》えたのであるから、悔《く》いのない3年間だったと思う。前田は松尾の門出《かどで》に、餞《はなむけ》として電波塔のアンテナ設計に使用した電子計算機一式を贈《おく》ったと聞く。

東京タワーの建設から20年経《た》ったある日、前田久吉は松尾三郎を別宅の茶室に招《まね》いた。その茶室は東京タワーの傍《そば》にあり、二階は日本電波塔の社長の住まいで、五階が久吉の茶室であった。先程来《さきほどらい》たびたび出てくる前田久吉に近い人というのはその三階に住んでいた。久吉は茶と同時に書を嗜《たしな》み、客を招《まね》くと、ときどき帰りぎわに色紙を取り出して気に入った文字を書いて渡したという。色紙をお渡しする客は予《あらかじ》め分かっていて、そういう日はそのものを呼んで墨《すみ》を磨《す》らせる。彼も書を嗜んでいたから、久吉自慢《じまん》の端渓《たんけい》に向かって静かに墨を磨った。墨磨りの場所は茶室の一段下の板の間にあり、写経《しゃきょう》の机に硯《すずり》が置いてあり、久吉の会話にはまったく邪魔《じゃま》にならなかった。客が席を立つと、エレベーターまで送り、戻ってくると久吉は必ず、

「面白いご仁《じん》だろう」とか、
「ためになる話だったろう」とか、
ときには「人柄《ひとがら》はどうかね」など問い掛《か》けた。

松尾が呼ばれたのは、タワーの20周年記念という節目《ふしめ》に、建設に貢献《こうけん》した人を何人か招《しょう》待《たい》したからだった。例によって茶を立てながら思い出話などをした。その間松尾は、正座《せいざ》を崩《くず》さず背筋をぴんと伸ばしてごく自然に会話を楽しんでいた。恐い人という風評《ふうひょう》からは程遠い感じだったが、アンテナ取り付けの話になり、前田が……、

「竹中が、5メートル短くしてほしいと言ったら、君は怒ったね」と言うと、
「悔《く》いが残りますから……」という語気《ごき》は鋭くビンと響いた。
帰った後で久吉が、「どうかね」と聞いたので、
「謹厳実直《きんげんじっちょく》、岩のような方ですね」と答えると、
「あれは恐かったね」と苦笑《にがわら》いしたという。

松尾三郎の第1ステージ、北海道で幕が開いた

昌之の母・泰子は、若い頃から茶道《さどう》を嗜《たしな》んでいた。伊豆・松崎の出身だが、母方は金沢で代々加賀《かが》前田家のお毒見役《どくみやく》だったから、茶道といえば裏千家《うらせんけ》に決まっていた。その泰子が、荻窪《おぎくぼ》の自宅で茶道教室を開きたいと言い出したのを昌之は覚えていた。

泰子は講師《こうし》の資格《しかく》はあったのだが、許状《きょじょう》がなければ稽古《けいこ》をすることを許可してもらえない。それを頂《いただ》くためにはたいそうな額のお金が必要だった。台湾からの引き上げ者がおいそれと払《はら》えるような金額ではなかった。しかし、泰子のお願いを静雄は「よしわかった」と心よく了解した。

間もなく、泰子の自宅の茶室には和服の女性が出入りするようになり、日に日に繁盛《はんじょう》していった。その中の一人が、昌之にお見合い写真を持ってきた。お見合いの話は第2章で述べたが、そのときの松尾三郎に対する昌之の印象をもう少し記しておこう。昌之の第一

印象は、「貫禄《かんろく》があるな」というだけで他に強く印象に残るようなことはなかった。それもそのはずで、席に着くなり裕子の母・英《えい》の独壇場《どくだんじょう》となり、三郎はほとんど口を開かなかったのだから彼がどんな考えの人か分かろうはずがなかった。

実は、松尾三郎は養子《ようし》の身で、家に帰れば妻が全《すべ》て取り仕切っているように見えた。英《えい》のような女性を女傑《じょけつ》というのだろうが、松尾も周《まわ》りから「恐い」と言われるほどの強者《つわもの》だったから、日常は両雄《りょうゆう》並び立たずという間柄《あいだがら》だった。しかし結局は、常に松尾が妻に席を譲《ゆず》るという普通の家庭であった。そんなわけだから、家では妻を差し置いて何かするようなことはなかったのだが、本来は自分の上にはだれも置きたくないような強い性格の持ち主だった。それに注意力は抜群《ばつぐん》の人で、昌之と裕子の一挙手一投足《いっきょしゅいっとうそく》を何一つ見逃《のが》すことはなかったであろう。

人を見る目ということでは昌之の父・静雄も同じで、松尾親子に向けた目は鋭《するど》く光っていた。お見合いが終わって、静雄が昌之に言った言葉は……、

「松尾三郎は信用のできる人間のようだ、いいじゃないか」だった。

技術者同士、相通《あいつう》ずるものがあったのだろう。

昌之と裕子が結婚して翌年のこと、松尾から……、

「会社を創《つく》りたい、お前は経理《けいり》だから会社の設立はやれるだろう、事務手続きを頼む」と持ち掛《か》けられた。

会社設立は処理できるが、いかにしても多忙《たぼう》を極《きわ》めている商社のペーペーで、片手間《かたてま》にできる仕事ではない。そこで、付き合いのある公認会計士に依頼《いらい》して日本電子開発《にほんでんしかいはつ》（以下、NEDという）を設立した。昭和40年5月のことである。

もう少し日本電子開発設立当初のことを話しておこう。資本金1千万円、代表取締役・松尾三郎、取締役は畔柳徳三《くろやなぎとくぞう》以下5名、従業員数は86名だった。さらに特記《とっき》すべきは、日本電気《にほんでんき》（NEC）が出資《しゅっし》し、関連会社扱《あつか》いとしたことだ。NECとの関《かか》わりが始まったのは、松尾が東京タワーを建設したころである。

東京タワーが昭和33年に、増上寺《ぞうじょうじ》の裏側に建設されるまでには多くの逸話《いつわ》が残されているが、松尾はそれらにことごとく関わっていた。結果的には、松尾は日本電波塔《にほんでんぱとう》（東京タワーの会社名）を設立するにあたって、政治的な根回しはあったものの礼《れい》を尽《つ》くしての招聘《しょうへい》に応《おう》じて、取締役電波技師として東京タワーの建設に参画《さんかく》した。ここでNECとの関係は始まるのであるが、コンピューターを通して具体的に関わるのは次のステージであった。

松尾は大仕事を終えて東京タワーを去った。土木コンサルティング会社を設立し、専務取締役となって、NECの「NEAC―2203」を導入した。さらに、この会社の設計部門を切り離し、JBA(日本ビジネスオートメーション)を設立し、松尾は副社長を務《つと》めたが、このとき彼の頭にはすでにソフトウェア産業の将来性について詳細《しょうさい》な図面が描《えが》かれていたのではないだろうか。

JBAで松尾は多くのものを獲得した。NECとの関わりもそうであるが、何よりも北海道千歳《ちとせ》空港建設ではないだろうか。このとき知合った町村金吾《まちむらきんご》知事との関係は、北海道ビジネスオートメーション株式会社(その後社名をHBAと変更した。以下HBAという)の設立につながるのである。

HBAは北海道庁と直結し、道庁丸抱《まるがか》え同然の会社だった。松尾はここでは副社長であったが、実質的には松尾がすべてを取り決めていた。

道庁にNECのマシンを導入することを決めたのも松尾である。NECは、その返礼というわけでもないが……、

「東京でも手伝ってくれないか」とビジネスチャンスを作ってくれた。

そして、NEDの設立を支援《しえん》することになったのである。

松尾の東京進出が決まると、NECは松尾との約束を直《ただ》ちに実行に移した。先ず出資の申し出があり、50%の出資者となった。すべて松尾の計算通りで、道庁もNECも松尾の掌《たなごころ》にあった。どうやら、松尾三郎という人の第一ステージは北海道で幕《まく》が開いたという感がある。

松尾三郎の第2ステージ、香り高い技術

人の価値は、人からの要請《ようせい》にどれほど答えられるかに係《かか》っていると言われるが、松尾の人柄《ひとがら》とビジネス感覚が高く評価されるのは当《まさ》にそこであった。NEDができた昭和40年（1965）というのは、東京オリンピックの翌年で、好況《こうきょう》の後の急激な金融引締《きんゆうひきしめ》で倒産《とうさん》が相次《あいつ》ぎ、山陽特殊鋼《さんようとくしゅこう》が倒産、山一証券《やまいちしょうけん》に特別融資《ゆうし》が投入され、戦後初めての赤字国債《こくさい》が発行された年である。

こんな厳《きび》しい時世《じせい》にあって、松尾は特殊《とくしゅ》技術《ぎじゅつ》の人材は不足すると読んだ。もちろんその技術とは情報処理の技術であるが、この日のために、自らは九州産業大学や九州電子専門学校、それに武蔵《むさし》工業大学などの臨時講師《りんじこうし》となって東奔西走《とうほんせいそう》した。コンピュータ技術、ソフトウェア技術を教えることもさることながら、人材を確保することも忘れなかった。

一方NECは、ソフトウェア要員《よういん》が足《た》りなくなり、NEDに支援を要請した。人材確保のサポート役を松尾に依頼した。松尾は、待ってましたとばかりに学校回りをして確保した人材をNECに派遣《はけん》した。IT業界における人材派遣の始まりはこのときであろう。IT業界のビジネスモデルは松尾三郎が作ったとも言われているのであるが、ここで松尾は一つ苦言《くげん》を呈《てい》するのである。

「私は人材ブローカーではない」と言い、

「自社で社員を教育し、技術屋に仕上げてから派遣する」と言った。

さらに日頃から社員に対して……、

「香り高い技術を身に付けさせなければいかん。香り高い技術を持っていれば、お客さんは絶対大事にしてくれる」と説教した。

従って、ある一定期間は社員の教育期間として当《あ》て、教育終了した後に派遣するというのが松尾の基本姿勢であった。

「香り高い技術を身に付けていれば、お客は向こうからやってくる、だから我が社には営業はいらない」とまで言って除《の》けるほどの豪傑《ごうけつ》であった。

「香り高い技術」という言葉には、松尾自身のある悔《くや》しさが込《こ》められていた。

松尾は電波に関わる技術屋で、戦時中には志願《しがん》して海軍の逓信部隊《ていしんぶたい》に大尉《たいい》として入隊した。このとき、レーダーの開発を担当したのだが……、

「アメリカの技術にやられた」と、
後々までその悔しさを吐露《とろ》し続けたのである。


このときの思いが、会社を持ってからも消え去ることがなく、社員に対して悔いの無い技術を持てと言ったのではないか。実戦経験のない社員には、「悔いの無い技術」では理解できないから、「香り高い技術」と表現を変えたのかも知れない。

松尾の第二ステージは、舞台を北海道から東京に移し、情報処理技術者の確保と教育に力を入れ、ＩＴ業界で初めてと言われた「人材派遣」をビジネスモデルに仕上げる場面であった。

金庫番になってくれ

「日本電子開発（NED）にお前も来い」

と、昌之が誘いを受けたのは、三菱商事のニューヨーク支店への異動《いどう》が内示《ないじ》されたときだった。松尾に……、

「ニューヨークへ異動になる」と報告すると、

「何年行ってるんだ」という。

「7年ほど……」と答えると、

「俺の会社には金庫番《きんこばん》がいない」と言って、だから来いと言わんばかりだった。

松尾の起こしたNEDは、86人で始まったが、年々成長して、5年後には270人ほどの会社になっていた。

「俺の会社には金庫番がいない」ともう一度繰り返した。だから……、「ニューヨークに行くのは止《や》めて俺の会社に入れ」というのである。

この話を妻の裕子に話すと、猛《もう》反対した。

「お父さんの先行き不透明《ふとうめい》な会社で働くより、ニューヨークへ行きましょう」

という裕子の答えには一理《いちり》あった。ソフトウェアの会社なんていうのは果たして成立するのかどうか、それに当時は、前例もなくまったくのパイオニアだったのだから裕子が心配するのは当たり前だった。これに反して、三菱商事という超A級の会社で、しかもニューヨーク勤務《きんむ》となれば、アメリカンドリームを目の当《ま》たり《あ》にしトップアートに出会えるのだから、芸術の好きな裕子にとってこれ以上の輝《かがや》かしいチャンスはなかった。裕子は……、

「ニューヨークに行きたい」と繰《く》り返した。

しかも、ニューヨークへの異動は昌之にとって出世《しゅせ》コースだから断《ことわ》る理由などあろうはずがない。昌之は迷いに迷った。岳父《がくふ》・松尾三郎の会社に身を投《とう》ずるか、ニューヨークを選ぶか。昌之はついに胃潰瘍《いかいよう》になってしまった。後にも先にも、胃潰瘍を患《わずら》うほど悩んだ

のはこのときが最初で最後だった。

このとき昌之は、松尾の誘いは有り難いが、

「初志貫徹《しょしかんてつ》、三菱商事に骨を埋《うず》めよう」という気持ちで固まっていた。

そこで、最後に昌之の父・静雄の意見を聞くことにした。静雄は「松尾は信用のできる人だ」と言っていたが、この話は別物で「断われ」と言うに決まっていると思った。ところが、静雄の答えは昌之の意に反して……、

「他人のお金を数えるよりは、自分のお金を数えるほうがいい」

というものだった。

「三菱商事の扱《あつか》う金額はとてつもなく大きい、仕事も世界規模《きぼ》だ。しかし所詮《しょせん》他人の金だ、松尾の金庫番になれば、扱う金額は小さいかもしれないが、自分の金だ」と言った。この言葉を聞いて、昌之のぐらぐらしていた気持ちが少し落ち着いた。

そうこうしているある日、相談しなければいけないと考えていた木戸《きど》常務から呼び出しがかかった。当時、三菱商事で経理担当の木戸常務といえば「木戸天皇」と言われるほど

の実力者で、普段はなかなか会って話などできない。それが、どこから耳に入ったのか、「来い」ということになったのだ。昌之が一部始終《いちぶしじゅう》を話すと……、

「三菱商事を辞《や》めようなんて奴《やつ》はこれまで聞いたことがない。でもなあ……、松尾三郎のたっての誘《さそ》いじゃ、行ってみるか。うまくいかなかったら帰ってこい。俺が面倒《めんどう》みてやる」

ときっぱり言った。これで、昌之の気持ちが固まったのである。因《ちなみ》に木戸常務は、後に米国三菱商事の社長になったほどの強者《つわもの》であった。

業界の主導者を間近に見た

ついに、昌之は三菱商事を辞めてNEDに入社した。特別の肩書きがあるわけでもなく、単に経理部長という当《まさ》に金庫番として入社したのである。しかし同時に、HBAの非常勤役員に命じられたが、ここに松尾の深謀遠慮《しんぼうえんりょ》があった。そんなことを、大企業の主計《しゅけい》を担

当していた昌之に分かろうはずもなく、次々に見えてくる企業の裏側とそれに立ち向かう松尾の信念《しんねん》にただただ驚くばかりであった。松尾を間近に見て、先《ま》ずその強情《ごうじょう》さと並々ならぬ戦略性《せんりゃくせい》を知った。次に、昌之という駒《こま》を必要とした理由のいくつかが垣間《かいま》見えた。

昌之に下った命令は、ＨＢＡのチェックだった。社長は北海道庁から天下《あまくだ》りした役人であり、政治的手腕《しゅわん》を発揮《はっき》するタイプだった。北海道庁の案件で成り立っていたのだから仕方がないと言えばそれまでだが、開発、保守、運用の仕事を請《う》けるためにと称《しょう》して、当時の幹部《かんぶ》は交際費を湯水《ゆみず》のごとく使った。一方、松尾は大の政治家嫌いで、役人や政治家と飲み食いしたり、贈《おく》り届けするなど苦々《にがにが》しく思っていたから、昌之に命じて厳しくチェックすることにしたのである。

松尾は、「交際費が適正《てきせい》に使われているか、厳しくチェックしてこい」と言った。

これは大変《たいへん》だと昌之は思った。松尾の命をそのまま実行すれば、現場の人間の反感《はんかん》を買う。が、松尾の命を蔑《ないがし》ろにするわけにもいかない。すべては微妙《びみょう》な匙加減《さじかげん》だ。昌之はその匙加減を操《あやつ》る手腕を持っていた。だれもが……、

「あなたの他に、この任務を全《まっと》うする人はいない」と昌之の手腕を認めた。

「さすがに松尾の性格をよく知っていますね」とも言われたが、「よく身体が持ちますね」と同情もされた。

しかし、昌之は松尾の性格をだれよりもよく知っていたわけではない。松尾と仕事をした人であれば誰でも、彼の勝《すぐ》れた先見性《せんけんせい》や明晰《めいせき》な頭脳《ずのう》、それに卓越《たくえつ》した技術力やビジョンに接して驚嘆《きょうたん》したことだろう。ところが、松尾の最大の欠点（いや、限界《げんかい》と言ったほうがいいかもしれない）は、他人を信用できないことだった。その松尾が昌之だけは信用した。それ故《ゆえ》に、昌之には匙加減もできたし、現場の反感も受けずに出金《しゅっきん》を押《お》さえることもできた。しかし、松尾は昌之の匙加減を知らなかったわけではない。知っていながら……、「昌之が認めるならば……」と言った。

昌之も松尾を誤魔化《ごまか》そうなどと考えたことがなかった。たとえ誤魔化そうとしても、たちまち看破《かんぱ》されたであろう。そんじょそこらの社長とわけが違っていた。普通、社長ともなると仕事量が多いから、人にお任《まか》せということが多くなるのであるが、松尾は一切そういうことをしない、いやできない性格だった。「面倒臭《めんどうくさ》い」といったのを聞いたことがない。松尾の辞書には、「面倒臭い」という文字がなかったのであろう。基本的には「几帳《きちょう》面《めん》」という性格であった。

松尾の携帯《けいたい》している手帳はちょっと変わっていて、半分が無地《むじ》のページで、後の半分が方眼紙《ほうがんし》となっていた。方眼紙の方に自分で日時を記入し、線を引いてその日の出来事を克明《こくめい》に記した。ただ克明といっても、その克明さは尋常《じんじょう》なものではなかった。出張となれば、飛行機の出発時間を記入するのは当たり前であるが、何分遅れで飛び立ったことまでメモするのだから驚異《きょうい》である。ソウルに出張したときのこと、タクシーに乗ればタクシーのナンバーをサッとメモするし、降りるときには料金を記入する。ソウルではこれが役に立った。部下が書類をタクシーの中に忘れてしまった。松尾は、「しょうがないな」と言いながらも、「このナンバーに連絡しろ」といってメモを渡してくれた。もちろん、書類は無事に戻ったのである。会議中、だれがどんな発言をしたか、メモをとる。しかもきわめて正確だからこれまた驚異だ。

松尾が異常なほどに几帳面だったというのは、そのメモの取り方であった。彼は、すべて鉛筆《えんぴつ》で書いた。ホテルに帰って、一日が終わり就寝《しゅうしん》という段《だん》になって、やおら手帳を取出し、メモした鉛筆書きのところをボールペンでなぞり書きするのである。おそらく、重要な部分を確認しながら間違いなく記録に残そうとしたのであろう。よく世間には「メモ魔《ま》」と言われる人がいるが、松尾のメモは単《たん》なるメモではなく、実験データを記録する研究者のそれだった。

すべてがこんな調子だったから、松尾とその周囲の人間との間にはさまざまな軋轢《あつれき》が生じた。昌之はその度《たび》に、関係修復《しゅうふく》に走り回った。松尾は自分の特異《とくい》な性格を知りすぎるほど知っていて、その上で昌之が必要だと考えたのであろう。そうとも知らず昌之は、「人の金を数えるより自分の金を数えるほうがいい」などと自分自身に言い聞かせ、三菱商事を辞めてＮＥＤに入社したのだから、お人好《ひとよ》しと言われても仕方あるまい。しかし、松尾の人を見る目は驚くほど確かなもので、昌之が入社したお陰《かげ》で松尾の動きは一段とスピードを増した。後で述べるが、ＮＥＤに予期《よき》せぬ事件が起こり、昌之の手腕が遺《い》憾《かん》無《な》く発揮《はっき》されることとなった。もし、昌之がいなかったらどうなっていただろうか。松尾は恐《おそ》らくその事件に翻弄《ほんろう》され、事業は暗礁《あんしょう》に乗り上げ、ＮＥＤは消滅《しょうめつ》していたかもしれない。それほどの事件だったのである。

“Nobless Oblige”（高貴な身分に伴う道徳上の義務）

昌之は、松尾の性格や人生観《かん》を少しずつ理解していったが、時間が経《た》つに連《つ》れて松尾の魅力に惹《ひ》かれていった。それは、好きになるという意味でなく、堂々《どうどう》とした生き方に対する憧憬《しょうけい》のようなものであった。一方で、松尾の足らぬところにも気が付くようになった。そこで自《おの》ずとやるべき事柄《ことがら》、松尾が避《さ》けて通ろうとしていることにも目が届くようになり、それを補《おぎな》うべく考えを巡《めぐ》らした。

昌之が就職したころの三菱商事は、国策《こくさく》に呼応《こおう》し国策を後押しするほどの企業であったから、主計部にいた昌之は通産省（現在の経済産業省）との付き合いに慣《な》れていた。実は、その経験がＮＥＤで大きな武器となったのである。ＮＥＤが、業界で主導《しゅどう》的地位を占《し》めるようになったのは、官庁との橋渡しができる昌之がいたからであろう。

本来、松尾自身は逓信《ていしん》省の役人で、官庁とのやり取りはよく知っているはずなのだが、頭を下げることができない人だったから、民間人となって官僚に頭を下げることなどできようはずがなかった。

松尾は京都大学を卒業して逓信省に入ってから短期現役として海軍に入隊した。国民皆《かい》兵《へい》の時代で、いずれ召集《しょうしゅう》されて軍隊に入らなければならない。この場合もちろん一兵卒として入隊するのだが、官庁勤務の学士が志願して入隊するときには中尉と決まっていたから、松尾は志願を選んだのであろう。

ときに昭和13年、弱冠《じゃっかん》24歳であった。

松尾が配属《はいぞく》された先はインドネシアのスラバヤで、海軍工廠《こうしょう》の隊長として2万人の部下を統率《とうそつ》した。中尉ともなれば従卒《じゅうそつ》がつき、身の回りのことはすべて世話してくれる。若くして上《あ》げ膳《ぜん》、据《す》え膳《ぜん》の生活に入り、終戦のときには佐世保鎮守府《させぼちんじゅふ》の海軍技術少佐だったのだから、世の中はそういうものだという考えが身に付いてしまったのであろう。

松尾の価値観は戦時中に培《つちか》われたもので、「人間みな平等」などという概念《がいねん》はなかった。昌之がNEDに入社して間もなくのころ、年上の部下をさん付けで呼ぶと、松尾は……、

「部下は呼び捨てでいいんだ、さん付けなんかするな」と叱《しか》った。

社員が企画した歓迎会《かんげいかい》に出席すると……、

「下っ端《したっぱ》と一緒《いっしょ》に飲むとは何事だ」とまたまた叱られた。

「位《くらい》には、然《しか》るべき椅子《いす》と態度と立《た》ち居振《いふ》る舞《ま》いがある」と説教された。

イギリス階級《かいきゅう》社会の言葉“Nobless Oblige”（高貴《こうき》な身分に伴《ともな》う道徳上の義務）について話をする。そして、エリートの必要性を強調したのである。


たしかに、松尾の堂々たる態度は、言うだけでなく身を以《もっ》て示すものであった。そういえば、今日《こんにち》の実業界《じつぎょうかい》でエリートたる立ち居振る舞いをするものが何人いるだろうか。松尾はたしかにエリートだった。海軍で叩き込まれた“Nobless Oblige”が身に付いていた。軍隊においては、徒《いたずら》に人を信じて、それが原因で多くの兵を犠牲《ぎせい》にすることもある。これは、将《しょう》として絶対に避《さ》けなければならない判断行為であるが、もし避けられないならば、先《ま》ず第一に自《みずか》らを犠牲としなければならないのである。これが“Nobless Oblige”（高貴な身分に伴う道徳上の義務）の基本とされ、松尾の人間不信はここに根源《こんげん》があったのかもしれない。

松尾はエリートとして毅然《きぜん》としていたから、人間不信《ふしん》を間近に見ても、人は離れずに近《ちか》付《づ》いて来たのであろう。松尾という人間が別格《べっかく》であることを周囲の人はよく知っていたからに他《ほか》ならない。

最初の試練、獅子身中の虫

昔から、「獅子身中の虫《しししんちゅうのむし》」という言葉があるが、仏徒《ぶっと》でありながら仏法《ぶっぽう》に害をなすもののことだという。この虫は、獅子の身体に巣《す》くっていて、恩恵《おんけい》をこうむっていながら、獅子の肉を食って害を及《およ》ぼしている。もともとは仏教世界の話だったのだろうが、身の回りを見てみるとこれに似た話が多いので驚いてしまう。会社組織にもこの虫が潜《ひそ》んでいて、会社の機密《きみつ》事項を外部に持ち出したり、利益を掠《かす》め取ったりして終《つい》には会社を破滅《はめつ》に追い込んでしまった例もある。

日本電子開発（以下ＮＥＤという）でも「獅子身中の虫」が巣くって、やりたい放題《ほうだい》のことをやり、大胆《だいたん》な方法で食い荒《あ》らし、挙《あ》げ句《く》の果てに飛び出して別会社をつくるという事件が起こった。昌之がNEDに入社して経理を担当し、社長命令で北海道ビジネスオートメーション（以下HBAという）の交際費をチェックしたことはすでに話した。実はこのころから、「獅子身中の虫」が蠢《うごめ》き始め、NEDの肉を食い始めていたのである。

その虫は、HBAを創業《そうぎょう》したとき副社長だった松尾が採用した男で、SEとしてめきめき腕を上げていた。ワンマンだった松尾も、どういうわけかその虫には一目置《いちもく》いて、他のものには怒鳴《どな》り散《ち》らしていたのに、虫を怒鳴り付けるのを見たことがなかった。信頼していたのだろうか。

他の社員は、松尾の前で自分の意見を述べたり、まして松尾の意見に反対するなどとても考えられなかったのだが、その虫だけは堂々《どうどう》と自分の意見を述べた。松尾はその姿勢が気に入ったらしく、虫に自主部隊を持たせ、プロジェクトをすべて任《まか》せるという異例《いれい》の待《たい》遇《ぐう》をした。

やがてNECの要請で東京にNEDを設立することになると、松尾は真っ先にその虫を東京に呼び寄せた。虫は部長でありながら、率先してシステム開発に入り込み、部下と一緒になってこつこつと仕事をこなしたので、だれが見ても会社の〝御為《おんため》さん〟だったが、実はこのときすでに恐《おそ》ろしい裏システムが作られ、私腹《しふく》を肥《こ》やし始めていたのである。

その虫は先ず、NEDとは別に隠《かく》れ蓑《みの》となる別会社を作り、親族をその社長に据《す》えた。そして、自分のチームで受注したNECのシステム開発案件をことごとくその会社に外注した。ところが、その会社は社員のいない幽霊《ゆうれい》会社で、すべて、NEDの社員に命じて開発作業を進めたのである。つまりNEDがNECから受注し、NEDは虫の幽霊会社に外注する。作業をやるのはNEDの社員で、納品《のうひん》するときにはNEDとして知らん顔して納品するというわけだ。

NEDの内部では、足《た》りないところを外注《がいちゅう》したということになっているが、外注したはずの仕様書《しようしょ》が自分に廻《まわ》ってくるから、可笑《おか》しいなと思いながらも作業を進めた。虫の幽霊会社から請求書《せいきゅうしょ》が送られてきても、それを決済《けっさい》するのは虫だから、問題なく支払いに廻る。虫の判《はん》は絶大な信頼があるから外注決済も、請求も、支払い決済も右から左ですいすい通ってしまうというわけだ。

虫の幽霊会社が受注していたのはNECの案件だけではなかった。他に数社と取引《とりひき》していて、しかもそこには派遣契約《はけんけいやく》で虫の部下が出向《でむ》いていた。このごまかしは大変幼稚《たいへんようち》で、NECに行っていると称《しょう》して別のところで作業をしていたのである。

この恐ろしい絡繰《からく》りは意外《いがい》なところから発覚した。ある日、虫の親族が昌之を訪《たず》ねてきた。昌之は怪訝《けげん》な顔で男の話を聞いた。

「実は、虫のことですが……」と切り出した。

「何かありましたか」

「恐ろしい背任《はいにん》行為をやっているんです」

「だれが？」

男の口から出た名前を聞いて昌之は愕然《がくぜん》とした。思わず……、

「嘘《うそ》だろう」と男を凝視《ぎょうし》して、しばらく声も出なかった。

「本当です。もう私は耐《た》えられなくて……、あなた様なら話せると思って……」

とぶるぶる震《ふる》えながら話を続けた。

「白状します。虫は恐ろしいことをしています。ＮＥＤの売り上げを私の会社に横流《よこなが》ししているのです。私の会社は幽霊会社です」

と涙ながらに話し始めた。

昌之は耳を疑《うたが》った。が、男の話に嘘はなかった。虫はＨＢＡからＮＥＤに移ると間もなくやり始めたこともわかった。その絡繰《からく》りは、およそ前述のとおりであったが、昌之は裏

をとる腹を決めた。

まず、虫の部隊がNECに出向《しゅっこう》していることになっている日付を照合《しょうごう》すると、抜けてる抜けてる、そこら中《じゅう》歯抜けとなっており、NECで作業しているとは真っ赤な嘘《うそ》で、別の会社で作業をしていることがわかった。そこで次に、働きに出ていた別の会社をすべて訪問し、帳簿《ちょうぼ》を見せてもらったところ、その会社は虫の幽霊会社に外注費として支払っていることがわかった。

虫の頭脳《ずのう》はくるくる回って、後から後からどんどん悪事を考え出した。

虫の部隊はすべてNEDの社員で、それが幽霊社員となってNEDから外注費を稼《かせ》ぎ取り、幽霊会社に入金しているのである。また、別の会社に対しても派遣作業費として請求していた。昌之は、裏付けが取れたので弁護士と相談した。弁護士は……、

「これは立派な犯罪だ」と、呆《あき》れた顔で答えた。そして……、

「刑事事件として起訴《きそ》しましょう」と言った。

昌之もそのつもりだったから、

「よろしくお願いします」と決意した。

昌之はこのときつくづく、「この業界はまだ未成熟《みせいじゅく》だな」と思った。

どこの業界でも、仕事を受ければ、「何人で何日かかるか」くらいのことは考えるだろう。しかし、この業界には標準というものがない、だから「管理する物差《ものさ》しがない」と呆《あき》れてしまった。

昌之はその虫を呼び付けた。虫は凡《およ》そのことは分かっていたらしく、悪法《わるび》れもせず昌之の前に出てきた。昌之は怒りを押さえて虫にこう言った。

「こんなことをやっていたら、この業界で生きていけないぞ」と言った。さらに……、「それが分からなかったのか」と言いながら、

昌之は虫の顔をじっと見つめた。

これが松尾の信頼した男なのかと思いながら虫の返事を待った。

すると虫は、声高《こわだか》にしゃべり出した。

謝《あやま》るどころか松尾の悪口を言い出したのである。

「社長は……、おれたちのいうことを聞いてくれねえよなあ」と言った。

「気に入らねえと、怒鳴《どな》りやがって……」とか、

「細かいことをチェックしやがって、人を信用できねんだから」とも、

「こんな会社にいて損したよ」とか、
「つくづく嫌気《いやき》が差した」などなど。

それは、やくざのようでもあり、駄々《だだ》をこねる赤子《あかご》のようでもあり、悪事がばれてどうにでもなれという罪人《ざいにん》のようでもあった。昌之にしてみれば、NEDで特別待遇を受けていた虫が、なぜ急にこんな悪態《あくたい》をつくのか分からなかった。しゃべっている間、テーブルの下で足をさかんに貧乏揺《びんぼうゆ》すりして、落ち着かない様子だったが、一向《いっこう》に反省の言葉が出てこなかった。それどころではない、

「俺がNEDを潰《つぶ》してやる」と、
荒唐無稽《こうとうむけい》な逆恨《さかうら》みの言葉を発した。
昌之を甘く見たのか……、
脅《おど》せば言い逃《のが》れできると思ったのか……、
盗人《ぬすっと》にも三分の理ありというが、盗人猛々《ぬすっとたけだけ》しいとはこのことだ。
昌之の気持ちは固まった。

背任行為のすべての証拠を揃《そろ》えて、満《まん》を持《じ》して松尾に報告した。

松尾は、唖然《あぜん》としてやや俯《うつむ》き、じっと耐えている様子だった。

しかし、虫の裏切りを詰《なじ》るでもなかった。

そのショックはあまりにも大きかったのである。

昌之は、弁護士と綿密《めんみつ》に打合せて起訴の準備を整え、
数日後、最後の決済を仰《あお》ぐために松尾の部屋をノックした。

「いよいよ告訴《こくそ》します。白日《はくじつ》の下に晒《さら》されることで騒ぎにもなりましょうが、ここは当社としてははっきりさせなければなりません」

と昌之が言うと、松尾は意外にも……、

「ちょっと待て、これはお前の管理不行き届きでもある。お前にも一端《いったん》の責任がある。しかも、クライアントに迷惑を掛けるし、一体どう説明したらいいんだ。虫を留置場へ送るのはいいが、部下が路頭《ろとう》に迷うだろう。裁判は止めて示談《じだん》で解決しよう」と言った。

その言葉は、予想していたものとまるで異なるものだった。

昌之は愕然《がくぜん》として……、

「私に管理できる状態ではなかった」と反発しようとしたが、松尾のショックを見て言葉を続けることができなかった。

と同時に、松尾の本当の心は、自分には理解できないほど優しいということを感じた。

これでともかくも、虫は踏《ふ》み潰《つぶ》されずに業界で生き残った。ソフトウェア企業が雨後《うご》の竹の子のように頭を出した時代に、コンピューターメーカーは何はともあれハードの売込《うりこみ》に躍起《やっき》となり、アプリケーションソフトの開発などは二の次だった。メーカーは下請《したう》けのソフトウェア企業を傘下《さんか》に揃《そろ》え、システム開発は下請けにやらせればいいという態度だった。こんな場当《ばあ》たりの営業が罷《まか》り通っていたのだから、下請け企業のモラルなど云々するのもナンセンスという業界だったのである。

難局を乗り切った二つの心得

昌之が盛んに「プロジェクト管理制度」を論じ始めたのは昭和45年（1970年）のころからで、世の中は大阪万博が開かれるというので大いに活気《かっき》づいていた。昌之は、三菱商事からNEDに移ったとき、ソフトウェア開発という産業がいかに杜撰《ずさん》な業界であるか気が付いた。コスト計算という概念《がいねん》がまったく欠落《けつらく》していたのである。昌之は初め……、「どんぶり勘定《かんじょう》が横行《おうこう》する業界に成長はありえない」と言った。これは主張というより〝ぼやき〟に近かった。主張するチャンスもなかったし、話し相手もいなかった。

一方、技術者にはプライドがあって……、「コンピュータ言語《げんご》の理解もできない事務方に管理される覚えはない」と反発した。

これに対して昌之は、「各部隊は、責任者に任せっきりで、部隊がどのように動いているのか把握《はあく》できていない。これからは、プロジェクト管理制度を取り入れて採算《さいさん》状況を透《とう》

明化《めい》すべきだ」と提案した。しかし、その提案に反対したのが松尾社長自身で……、

「各部長が管理をしている上に、新しく管理部を設《もう》けることは、屋上屋《おくじょうおく》を架《か》すことだ」

と半《なか》ば馬鹿にして却《しりぞ》けた。さらに……、

「お前は何も分かっていない」と、激しく叱責《しっせき》を受けることもあった。

そんなとき、「獅子身中の虫」事件が起こったのである。昌之の言うとおり、システム開発部門において採算管理が不在《ふざい》だったから起こったことではないだろうか。昌之の提案を真剣《しんけん》に検討していたら、事件は起こらなかったかもしれない。

遅きに失したが、松尾はこの事件を契機《けいき》にして昌之が提案する「プロジェクト管理制度」の必要性を認識し始めた。と同時に、事件解決に対する昌之の懐《ふところ》の深さに着目した。まず徹底的に裏を取ること、次に自信をもって話し合いすること、逃げ場を塞《ふさ》いで追い詰《つ》めないこと、などなど……、

「俺が持っていないものを昌之は持っている、昌之がいなければ俺の会社は持たない」と感じ始めた。松尾の昌之を見る目が少し変わったようだった。

ちょうどそのころ、昭和45年6月であるが、通産省（現在の経済産業省）の主導で「社団法人ソフトウェア産業振興協会《さんぎょうしんこうきょうかい》」と「日本情報センター協会」という二つの協会団体が設立された。因《ちなみ》に、この2団体は昭和59年に合併してJISA（情報サービス産業協会）となった。

当時NEDといえば、すでに大手のソフトウェア企業だったから、通産の呼び掛けに答えないわけにはいかない。ところが松尾は大《だい》の政治家嫌いで、何かというと政治家が絡《から》んでくる協会活動などとんでもない。そこで昌之が松尾に代わって顔を出すことになったのだが、協会活動で昌之は随分《ずいぶん》と苦労した。

NEDのバックはNECだ。NEDが協会に協力しなければ通産省のご機嫌が悪くなる。NECはそこのところを心配した。そういう時代だったのだから仕方がないが、松尾はそんなことを一向に気にしない。NECは昌之に期待を寄せた。昌之は松尾とNECと協会との間に入ってバッファーとしての役割を果たすこととなった。苦労したというのはこのことであるが、昌之がこの難問題を乗り切るための心得は次の二つだった。

一つは、温和《おんわ》で我慢《がまん》強い性格をフルに活用すること。

二つは、業界発展のための積極的な提案をすることである。

松尾三郎といえば〝電波の松尾〟で知られ、〝電電の松尾〟でも名を馳《は》せていた。その一方で、裏取引や政治活動をとことん嫌っていることも知られていた。電電公社の仕事をNECに引っ張ってくるという行為は一切しなかった。「金を使って利権《りけん》を取る」など許《ゆる》さなかった。

「政治家に金をバラまくなどとんでもない」というわけで、

ソフト脇の大物会員でありながら、顔を出すのは昌之だけだったが、そのうち、協会のメンバーは昌之を「まとめ役」として表の顔にし始めた。さらに、昌之の持論《じろん》だった「プロジェクト管理制度」が脚光《きゃっこう》を浴びてきた。しかし、メンバーには経理畑の専門家がいなかった。この制度のポイントは原価管理だったから、昌之は協会の財務《ざいむ》委員長に推《お》されてしまった。ソフトウェア業界の新参者《しんざんもの》に、日頃の持論を展開するチャンスが巡《めぐ》ってきたのである。

ところが、ソフトウェア業界の原価計算ときたらまるで原始社会の様相《ようそう》であった。標準原価といっても何が標準かわからない始末《しまつ》だ。プログラムが商品であることは分かるが、その商品を作るための原価は何か、プログラムを作る過程で問題となるデバッグを標準化することはできるのか、デバッグマシンは材料費か、作るための標準時間をどう設定するか、まあ色々議論が渦巻《うずま》いて、そのうち「トイレに入っている間も俺はソフト開発のことを考えている」と言うものまで出てくる始末だった。

昌之は……、「それではきりがない。可視化《かしか》しなければ意味がない」と主張し、一つ一つ丁寧《ていねい》に標準化する作業を始めた。昌之はなぜソフトウェアの原価計算に情熱を注いだのか。

それは、「将来はソフトウェアが主《しゅ》になる時代が来る。ソフトウェアで採算が取れるように整備しておかなければならない」「コストがわからなければプライスは決まらない」と考えたからだ。だから、雲をつかむような作業を根気強く推《お》し進めたのである。

縦割りの業界、派遣体質の企業

昌之が情報産業界に足を踏み入れたとき、真っ先に感じたことがある。それは、企業がすべて縦割《たてわ》りで、まことに不自由だということであった。たとえば、富士通、NEC、日立の間には人的交流も技術交流もない。業界団体はあるが、これは省庁主導《しょうちょうしゅどう》で作られたもので、予算のばらまきには都合がよいが業界の問題解決のための議論には適していない面もあった。

異業種から参入した昌之が、ソフトウェアの原価計算について熱心に説いても、当初はだれも関心を示さなかったのは業界が縦割りであったからだ。

これに対して欧米の産業はどんな産業においても、制度としてではなく思想的に横割りで、労働者の移動にしても、経営者の移動も、技術者の横の交流も、色々なノウハウのオープン化もごく当たり前に実行されている。人と技術と情報が横に動けば、その業界の力はどんどん大きくなり、業界が強くなればそこで商売している企業は勢い付いて利益を得る。

昌之は、この業界の異状《いじょう》な囲い込みにびっくりした。各メーカーはそれぞれ独自にオフコン、ミニコン、汎用コンピュータ、制御《せいぎょ》用コンピュータなどすべて自社製で揃《そろ》え、一貫《いっかん》システムを売り物にしていた。メーカーは、下請《したう》けソフトウェア企業を傘下《さんか》に並べてグループ化し、下請け企業は他メーカーの仕事ができないようになっていた。

「これじゃメーカーに支配されるではないか」

昌之は社内の会議でこう発言した。さらに……、

「もっとエンドユーザーを獲得《かくとく》して、仕事を自主的にこなせるような体質にならないといけない」というのが昌之の考えであった。

これは松尾の考えにも合致《がっち》するところであった。

松尾はさらに、「派遣は罪悪である」と言った。

派遣になると社員としての帰属《きぞく》意識も薄らぎ、社員教育の手段もなくなる。人材の需要が増え、十分な教育もなしに派遣すれば、初歩的な技術をメーカーから吸収することはで

きるが、あくまでも過渡期《かとき》である。ソフトウェア会社のコントロール下で自らが営業して成約《せいやく》し、システムを仕上げるような会社を目指すべきだと考えた。

NECは昌之の考えに抵抗《ていこう》を示した。しかし昌之は、自立自尊《じりつじそん》の会社は自分の社員を自分の管理下に置くべきだと強く考えていた。実際には、前述したように需要と供給のバランスから、社員教育を徹底《てってい》できないまま派遣するスタイルを余儀《よぎ》なくされた時期もあったが、それでも根底には常に、松尾の教えである「香り高い技術の教育」を忘れていなかった。

派遣から自主部隊への切り替えを断行したとき、NECとNEDの間に摩擦《まさつ》が起こり亀裂《きれつ》が入った。

「うちの社員がNECのバッチを付けて客先で仕事しているのはけしからん」と言って、ある日突然……、

「NEDのバッチに切り替えろ」

「部下をまとめて本社に戻し、本社のフロアで開発しろ」

という命令を下した。NECは面食らって……、

「それじゃコントロールできない」と主張、NEDは……、

「自主性を主張できないのでは会社が成り立たない」と主張した。

この対立軸は、まさしく業界の根本的な問題の縮図《しゅくず》であった。
派遣のほうが経営者としては楽であるが、会社にノウハウが蓄積《ちくせき》されない。
派遣か、請負か、プロジェクトマネージメントはだれが行なうのか。
この問題は今も解決されず根深く業界に横たわっている。

「派遣はダメだ請負《うけおい》がいい」、という主張は聞いていて気持ちがいいのだが、経理の担当とすれば大問題である。派遣なら決まった時期に入金があり、運転資金に困るということはなかったが、ソフトの開発を受託《じゅたく》に切り替えたと同時に、運転資金の確保が課題となった。もちろん、担保《たんぽ》があれば銀行から運転資金を融資《ゆうし》してもらえるのだが、当時のソフト会社に担保なんかない。

昌之は、三菱商事の時代には考えたこともない融資の交渉に明け暮れた。NEDのメインバンクは住友銀行で、いくら頭を下げても、
「担保がなければダメ」と、相手にしてくれない。

そこで昌之は、プロジェクトファイナンスという言葉を捜《さが》し出して、

「客先との契約書を担保にするから……」と言って交渉を進めた。
銀行は怪訝《けげん》な顔をしながらも、昌之の説明を了解した。
これが、プロジェクトファイナンスの始まりであるが、
無担保融資を実現し、今も利用されているとなれば、昌之の……、
ソフトウェア業界に対する貢献は多大であったと言えるであろう。

一方で業界には、「35歳を過ぎたら使いものにならない」という説が流れていた。日々進化する技術を吸収するためには若い頭脳が求められ、古い頭脳は不要というのである。これを「定説だ」というものに真っ向から異義を唱えたのは昌之が率いるNEDであった。
このとき昌之は改めて……、
「そうではない、35歳を過ぎてからが本当の技術者であり、プロジェクトマネージメントをまかせることができるのだ」と主張した。

歴史は流れて、IT業界の現状を見ると、昌之が唱えた「技術者の育て方」の重要性が今更《いまさら》ながら核心《かくしん》を突《つ》いていることがわかる。35歳を過ぎた技術者は、「使いものにならない」と言ってどんどん辞《や》めさせるような会社にするのか、「35歳を過ぎてからが技術者として真価を発揮《はっき》する」と言って活用する会社にするか、昌之はその命題《めいだい》を業界に突き付けてい

たのである。しかし、残念ながらＩＴ業界の派遣体質は本質的な部分で今も変わっていない。技術の幅は広がったが、教育して技術者を育てようという会社はごく一部に限られている。これでは、これからこの業界で生きていこうとする若者に夢を与えることができないではないか。閉塞感《へいそくかん》が漂っている業界を、今後魅力ある業界へと転換することができるであろうか。次の世代のＩＴ業界のリーダーはそのことを問われていると思う。

再び試練、労組と対立そして共存

昭和45年（１９７０）を境にしてＩＴ業界というものが形づくられてきたように思う。それはちょうど昌之がソフトウェア開発の原価計算《げんかけいさん》を言い始めた時期に一致する。この年は、大阪万博《ばんぱく》が開催され、世の中は好景気で、コンピュータ業界もＩＢＭを中心として国産機もＮＥＣ、富士通、日立、東芝などが新型をどんどん発表した。

しかし、コンピュータといえばハードウェアのことで、ソフトウェアなんかはおまけみたいなものだったから、ソフトウェア業界などできるはずがない。ところがそんなおまけ仕事をしていたときに突然地震が起きて、ゆらゆら、どかんどかんと地面が揺れ動いた。IBMがアンバンドリングという販売戦略を打ち出したのである。ハードウェアとソフトウェアは別物だ、コンピュータのレンタル料金にはソフトウェア料金は入っていないというのである。みんなびっくりして辞書を取り出し、〝bundle〟を調べた。「一まとめにする」という意味だから、アンバンドルといえば「分離する」という意味だ、などと物知り顔に解説するものが横行《おうこう》した。

こうなると、ソフトウェアだけではない。導入《どうにゅう》時に行なうユーザー教育、保守や運用も堂々《どうどう》と料金をいただくことになったのであるから、にわかに業界ができた。そして要員不足となり、苛酷《かこく》な労働条件が当たり前となった。こんな条件が揃《そろ》えば、労働運動が起こるのは当然のことだ。通産OBとIBMが合弁《ごうべん》で作ったソフトウェア会社で総評傘下《さんか》の労組が赤旗《あかはた》を立てた。それが、業界に飛び火したのであるが、昌之は油断《ゆだん》していた。まさかオルグが送り込まれているとは気が付かなかった。

当時、NEDはNECの府中工場にプログラマーを派遣《はけん》していて、三交替制で開発作業やテスト作業を行なっていたが、総評傘下の三多摩統一労組《さんたまとういつろうそ》が3名のオルグを送り込み、苛酷労働を改善せよという要求を突き付けてきた。そのころNEDには労働組合はできていなかったが、総評は「一人でも参加できる組合」を喧伝《けんでん》し、NEDの社員が3名で組合を作ったのである。

松尾三郎のところへ団体交渉の要求書が送られてきたとき、昌之は接待《せったい》ゴルフの真っ最中だったが、松尾はゴルフ場に電話を掛けてきた。切羽詰《せっぱつ》まった声で……、

「労働組合ができたらしい、大変なことだ」と言った。

「団体交渉を申し入れてきた、おい!、聞こえるか」

という松尾の声は怒《いか》りに震《ふる》えていた。昌之が答える間もなく、

「役員が春日町の旅館に集まって対応策を講《こう》じているからすぐ帰れ」

と言った。松尾は明らかに狼狽していた。

電話の向こうで、ときどき辻褄《つじつま》の合わないことを口走った。昌之は……、

「はい、分かりました」と答えるのが精一杯《せいいっぱい》だった。

対策など考えている余裕はなかった。

昌之が旅館に駆け付けてみると、松尾の罵声《ばせい》が聞こえた。

「貴様《きさま》が手緩《てぬる》いから左翼《さよく》の連中にやられたんだ」と浴《あ》びせた。

「すみません、すみません」と繰《く》り返すのは府中の部長だった。

それでも松尾は叱責《しっせき》の手を緩《ゆる》めなかった。

「あんな者共《ものども》に対等《たいとう》な口をきかれて悔しくないのか」

「油断していました」

「油断じゃないよ、舐《な》められたんだ」


松尾は怒り狂っていた。怒りは担当部長に対してだけではない。自分自身に対しての怒りでもあった。松尾は組合というものを心底《しんそこ》嫌っていた。左翼思想をこれほどまでに毛嫌いするとは……。昌之は怒鳴《どな》り散《ち》らす松尾を見て、改《あらた》めて社員採用の用心深さに合点《がてん》がいった。

社員募集《ぼしゅう》の面接は必ず松尾自身が行なった。その隣に昌之が座った。質問するのはもっぱら松尾であったが、その質問の内容は資質《ししつ》を糾《ただ》すというより、ときには詮議《せんぎ》といったほうがいいくらいに辛辣《しんらつ》であった。これが採用面接かと……、いまでは到底《とうてい》考えられない内容だった。

「どんな新聞を読んでいるか」と聞く。

「読売新聞です」と答えると、すかさず……、

「どんな記事を読むのか」

「社説は読むか」

「三面記事は読むか、どんな事件に興味があるか」

矢継《やつ》ぎ早《ばや》に質問が飛ぶ。

ときには、特定政党について、支持するかしないかを聞いた。


厳しい質問を投げ掛けることで「やる気」を図《はか》るのだという。

松尾は教育者であるから、どういう質問をし、どんな回答が返ってくれば、どんな性格か分かると豪語《ごうご》していた。質問はその方程式に沿《そ》って進められた。中には、泣きだす女性もいた。質問内容に怒って退席するものもいた。

松尾の質問にたじたじとなって返事に困っている人に、昌之は……、

「そんなことないよね」などと助け船を出すこともあった。


入社時のこんな面接も、すべては左翼思想のものを排除《はいじょ》するためのもので、組合阻止《そし》のためであった。しかし、総評傘下の組合が企業に送り込むオルグは、徹底的な訓練を受け

ていて、面接で馬脚《ばきゃく》を現すような柔《やわ》なものはいなかったはずだ。精神だけでなく、体の訓練も行なっていた。入社が決まって仕事に入ると、残業なんかものともせず、徹夜《てつや》といわれれば喜んで引き受けた。宴会《えんかい》ともなれば裸踊りも辞《じ》さないという猛者《もさ》を送り込んだのである。だから、松尾が担当部長に対して「油断じゃない、舐められたんだ」と言ったが、その通りであった。労働組合から見れば、NEDごときはものの数ではなかったのである。

さて、役員連中は対処方法が分からず、オタオタしているばかりだったので、昌之は親しい友人で弁護士の青山に電話した。その事務所はたまたま労務問題専門の弁護士事務所で、青山が所長を連れて旅館に駆け付けてきた。二人はさすがに手慣《てな》れていて、次から次と方針や手の打ち方を教示《きょうじ》した。こうして長い長い労組対策の火蓋《ひぶた》が切って落とされたのである。こんな書き方をすると大袈裟《おおげさ》だと思うかもしれないが、その後の度重《たびかさ》なる団体交渉、過激なシュプレヒコール、ピケ、そして社長への報告説明などいまにして思えば尋《じん》常《じょう》な状態ではなかった。

組合との対応は当初、取締役総務部長がその任《にん》に当たったが、警察あがりの人間だったので、団体交渉が成立しなかった。そこで急遽《きゅうきょ》、松尾は京都時代の同級生を技師長として迎え、団交に当たらせた。ところが彼は高齢で、団交の任はあまりにも重すぎた。こうなると、昌之しかいない。とうとう経理部長だった昌之のところにお鉢《はち》が廻《まわ》ってきたのである。

松尾は初めから昌之を担当にすることを考えていたようだが、義理とはいえ息子であるから、言質をとられるようなことがあると事件が複雑になると思い、最後の最後まで昌之の名前は出さなかった。

昌之はまず、弁護士のアドバイスもあり、過激な組合の勢力を野放しにすることがまずいので、第二組合を作らせた。第二組合を作るといっても、実は簡単なことではない。会社の意向《いこう》を十分に汲《く》み取ながら、組合員の信頼を得ることのできる社員はいないか、その人間が昌之と信頼関係を持つことができるか。ただ単に、第一組合の掲《かか》げる要求に第二組合のアンチテーゼをぶつければいいというものではない。そもそも御用組合と見られているのだから、その正当性には客観性がなければならない。こうして、春日旅館の会合から10日足《た》らずのうちに第二組合が出来上がった。

まず、昌之は第一組合と団体交渉を行った。

集まった面々を見渡すと、ＮＥＤの社員は数名いるだけ。

ほとんどが三多摩労組の支援グループだった。

三多摩労組

「社長を出せ」で団交の口火が切って落とされた。
「私が全権《ぜんけん》代理だ、交渉の目的は何だ?」と昌之が聞いた。
「過重《かじゅう》労働で体を壊《こわ》した、労災申請《ろうさいしんせい》する、責任を認めろ」と言う。
「時間外労働を強制していない」と昌之は答えた。
「納期《のうき》、納期といわれれば時間外作業せざるを得ない、これは強制だ」
と支援者は食い下がってきた。
「強制ではない、技術者のプライドだろう」と昌之が跳《は》ね返した。

組合とのやり取りは、こんな小競《こぜ》り合《あ》いで始まったが、組合側はときに大声で主張する場面もあった。しかし、昌之は終始冷静に立ち居《い》振る舞った。三多摩労組の支援グループは、ちょっと当てが外れたという感じで初日が終わった。

三多摩労組との話し合いが終わると、踵《くびす》を返してその日のうちに第二組合と団体交渉をした。同じ日に、同じ内容で団交しなければ意味がないと思ったからだ。昌之は第二組合に対して最大の誠意を持って対応した。

こうして地道に第二組合を育てていった。会社が組合を育てるというのはおかしいという人もいたが、昌之は経営者と社員が一体化しなければ企業の成果《せいか》は上がらないと信じて

いて、それが……、

「健全な組合だ」と言った。

三多摩労組に加入していた6名を除いて、その他の社員は昌之の主張を理解した。

次に、三多摩労組の幹部と6名の処遇《しょぐう》について話合いを開始した。

「君たちの主張は、私の労働観、強いては人生観を大きく変えた」と語り掛けた。

「私は君たちを排除しようとして第二組合と団交しているのではない」

「私にとって、君たちも第二組合のものも同じＮＥＤの社員だ」

「第二組合のみんなと一緒に仕事するというなら、私がその労《ろう》を取る」

「労働組合と会社は共存できると信じている」と言った。

昌之の粘り強い交渉力で、三多摩労組を話し合いの場に引き出した。

しかし、三多摩労組は……、

「6名の組合員は第二組合と一緒に仕事することはできない」

と回答してきた。

そこで止むを得ず、昌之は……、

「6名に退職を勧告《かんこく》する」と言い渡し、「特別退職金を支払う」と約束した。

三多摩労組は昌之の条件を飲み、6名の組合員を引き取ることになった。

これを以《も》て7年に及ぶ労務問題は解決を見たのである。


この闘争で、昌之は多くのことを学んだ。経営者と労働者という対立軸《じく》を目の当《ま》たり《あ》にしたのであるが、昌之は労組を敵とは思わなかった。結局これが解決の鍵《かぎ》だった。

昌之が最後に組合員に申し述べた「組合と会社の共存」という精神は、今でも引き継がれていると信じている。偽《いつわ》りのない人間の誠意というものは必ず相手に伝わるのではないだろうか。


松尾のクッション役として役割を果たしてきた昌之であるが……、

「クッション役として一番きつかったのは社長の主張と組合の言い分との板挟《いたばさ》みになることだった」と述懐《じゅっかい》している。

長く険《けわ》しい道程であったが、振り返ると、第一組合のお陰《かげ》で第二組合を作ることになり、第二組合があったお陰で労働条件を見直すことができた。以来、NEDの結束力《けっそくりょく》は一段と高まったという。

さらに試練、バブル崩壊で大リストラ、首切り社長と罵られ

平成元年（１９８９）12月29日の証券《しょうけん》取引所《とりひきじょ》大納会《だいのうかい》では、日経平均株価３８、９１５円８７銭の高値《たかね》で引けた。ところが、翌年10月には株価は２０、０００円を割り、一挙《いっきょ》に不《ふ》況《きょう》時代へ突入したのである。これがバブル景気からバブル崩壊《ほうかい》への劇的《げきてき》な転換《てんかん》であった。

ＮＥＤもこの影響をまともに受けた。平成３年からだらだらと仕事が減って、客先から返される技術者は毎月30人を超《こ》えた。こんな状態が続いたとき、松尾の体調が悪くなった。松尾はかねてより考慮していた後継者として、昌之を指名した。昌之が社長となった平成６年（１９９４）といえば、金融《きんゆう》証券《しょうけん》は大崩壊し、不良債権《ふりょうさいけん》であえぎ、企業倒産《とうさん》が相次《あいつ》ぎ、ＮＥＤも倒産の危機に見舞われていたのである。

ＩＴ業界の不況は、社会全体の不況だけで生じたものではないと昌之は考えた。世の中

の不況と技術の転換期、つまり汎用大型コンピュータからオープン化への転換期がちょうど重なったのだ。ＮＥＤは汎用大型のソフトウェア開発を得意としていたから、昌之が社長となった平成６年には、受注ががくんと減り、２年間で60億円の売上減となった。昌之はこのとき……、

「リストラをしなければ会社は倒れる」と思った。

それは恐怖の一瞬であった。

だれに相談するでもなく、昌之は一人決断した。

役員を３分の１、中間管理者を３分の１、社員も３分の１。

よく苦渋《くじゅう》の決断というが、昌之は「いや、違う、恐怖の決断だ」と思った。


昌之はまず、コンサルティング会社を雇《やと》い、再就職を希望するすべての社員に就職先を斡旋《あっせん》する手配をした。次に銀行と交渉して退職金の借入枠《かりいれ》を確保した。

「こういうときは、気配りだ」と自分に言聞かせて行動した。そして、大リストラを組合に納得してもらうためにはまず役員から断行する必要があった。昌之は松尾が連れてきた役員のリストラも断行することを決め、その旨《むね》を松尾に話した。

松尾は顔色を変えて……、

「切れるものなら切ってみろ」と悪魔《あくま》の形相《ぎょうそう》で口走った。

NEDを窮地《きゅうち》に追い込んだ裏切り事件でも、松尾は最後には、「訴訟《そしょう》を止めろ」と命じたほど、人間不信の一方で部下に対する温情《おんじょう》に厚い人物でもあった。今回のリストラは世の中全体のことでもあり、温情で解決する問題ではなかったから、昌之は冷静に現状を説明した。

「他に方法が見当りません」と言った。

松尾は、一瞬声をつまらせて……、

「そうか」と声を発した。

昌之の説明を了解《りょうかい》したというのでもなく、自分に言聞かせて発した言葉だった。

余談《よだん》であるが、当時、NECから非常勤役員となっていた常務が、NECの常務会で……、

「NEDの岡田は大規模《きぼ》なリストラを断行《だんこう》した。これこそが、NECの関連会社が行なうべきことではないか」と語ったという。

昌之は以来、首切り社長と言われ続けているのだが……。

ロータス社との会話、日本の家元制度

バブルが崩壊して、NEDは壊滅《かいめつ》的な打撃を被《こうむ》ったが、反面、メーカーにコントロールされない自主的な活動ができるようになった。世の中は、だれもかれもが「ダウンサイジング」といい、これこそ業界の救世主《きゅうせいしゅ》であると考えた。そんなとき昌之は、ボストンに本社を置くロータス社を訪問した。

当時、日本市場に進出し始めたばかりのロータス社の「グループウェア」に昌之は注目した。昌之はこれからは「グループウェア」が重要になると考えてロータスジャパンに説明を求めたが、適切な答えが得られず埒《らち》が明かないことに業《ごう》を煮《に》やしてロータス本社を訪ねたのである。

すでに日本でも、NEC、富士通、日立などは「グループウェア」を持っていた。しかし、世界シェアを見れば、ロータス社のグループウェア「ロータスノーツ」が70%を占有《せんゆう》し、マイクロソフトの「エクスチェンジ」が残りの30%を占《し》めるという状態で、2社独占は明らかだった。ここで商社出身の昌之は、導入・採用の案件に関しては……、「世界で最も使用されているものを選ぶ」という経験に基《もと》づく決定をした。占有率の高いものは、安全で使い勝手がいいはずで、リスクが小さくて済《す》むからだ。

ロータス社を訪問すると、女性の副社長が対応した。プレゼンテーションが終わってから、彼女が昌之をゴルフに誘った。あまり気が進まなかったが、招待《しょうたい》を断るのも失礼と思い、クラブを持ってカートに乗りプレーを始めると、彼女はお話上手で色々な話題を取り出して昌之の気持ちを和《なご》やかにした。

しばらくすると、彼女が突然真顔になって……、

「日本のマーケットは理解できません」と言った。さらに続けて……、

「我が社のグループウェアはデファクトスタンダードです。だから、欧米ではもちろんですが、東南アジアでもロータス社のものかマイクロソフトのものを導入しています。ところが、日本ではNECのスターオフィス、富士通はグループマックス、日立も作っています。日本だけで5、6社ありますね。日本人はデファクトが安価で使えるのを知っていな

がら何故《なぜ》自ら作ろうとするのですか。その上、価格の叩き合いでしょう、全く経済観念《かんねん》がないとしかいいようがありません。これは日本だけの現象《げんしょう》です。私には日本の国民性が理解できません」と、淡々と述べたのである。


昌之は、ロータス社の女性副社長の問い掛けに……、

「日本は家元《いえもと》制度が機能する社会です」と答えた。すると彼女は、

「家元制度というのは……?」と聞いた。昌之はちょっと考えてから、

「家元制度って……、英語で言おうとすれば……、スクール社会です」と答えた。

「企業においては、OS、ソフトウェアから、パソコン、大型汎用《はんよう》機まですべての機種を自分で揃《そろ》えてピラミッドを形成する。1から10まで自社ブランドにするのが日本のメーカーだ。これがいわゆる家元制度、スクール社会なんだ」と説明した。さらに……、

「だから、グループウェアにしても、デファクトスタンダードが存在するにも関わらず自社で開発する。これが室町時代から脈々《みゃくみゃく》と続く日本独特の縦《たて》社会なのだ。経済観念よりも、むしろ家を大事にするという気持ちですね」と言った。彼女が理解したのかどうか。


その後昌之は、この家元制度についてある場所で話をした。

お茶、お華などの芸事や演劇、スポーツなどにおける家元制度は、
文化の継承に貢献した。しかし……、
こと産業においてはそれは競争力を失わせる足枷となる。
大学のそれぞれのゼミは特定企業とパイプを持っているが、
自動車メーカーを訪問する際には、
そのメーカーの車で行かないと入れてくれない。
このような縦割社会では、
企業間の技術交流や人材の移動など期待できない。
海外ではライバル会社の社長をヘッドハンティングするなど、
人材流動が日常茶飯事であるというのに……、
福沢諭吉は福翁自伝の中で、
〝封建の門閥制度は親の敵でござる〟といっているではないか。

企業・社会における家元制度は、狭《せま》い日本のマーケットの中においては、競合《きょうごう》を回避《かいひ》し安定を齎《もたら》すかもしれないが、世界のマーケットで勝負する際には、スピード感に劣る。こんなことを考えながら、昌之は彼女と会話を交わしながら、彼女の質問に対して一つの答

えが見つかった。それは……、

この家元制度社会は、
日本のITの発展にとってはマイナスでしかない。
この答えは、昌之がボストンで感じた危惧《きぐ》であり、
現在でも解消されずにむしろ確信となっている。

省庁は縦割り、業界は股裂き

組織が大きくなればなるほど、組織は縦割りになりやすく、同じような機能を縦の組織が持つようになると、次には、派閥《はばつ》ができたり、縄張りができたりする。

昌之は、官庁《かんちょう》・役人の縦割り根性がIT業界に、大きな損害を与えていると言うのである。また、業界の縦割り傾向は、役人の縦割り根性に淵源《えんげん》があり、それは国益《こくえき》に反し結局

業界の企業に降り戻ってくると指摘《してき》している。

昌之は、縦割りの弊害《へいがい》に付いては前々から気付いていたのだが、NEDがパッケージビジネスを始めたとき、一つの苦い経験をしたことがその切っ掛《か》けとなった。普通、パッケージの市場は一般企業であるが、ときには国益を考えてデザインした商品もある。

そういう商品を開発するときに援助してくれるのが国だと思って、昌之は省庁回りをしたのだが、そのとき明白《あからさま》な縦割り行政にぶつかって悔しい思いをした。

NEDの開発商品は、〝CAROL〟というもので、CAI（computer-assisted instruction）といわれる「コンピュータとの対話形式で、生徒や受講者が独習したり自習する自動研修システム」だった。このパッケージには一般教育用のコースウェアも完備《かんび》していたから、当時の通産省にも働き掛け、同時に文部省での使用についてもお願いした。

「NEDはグループに電子開発学園を持っていて、教育にも力を入れています」

と昌之が説明を始めると、

「だから?……」という気怠《けだる》い返事、

「CAROLというパッケージを開発しているのですが、支援してもらいたい」

とお願いした。すると……、
「通産省へ行けばいいでしょう」と返事が戻った。
「行きました」と言う昌之の返事が勘《かん》に触《さわ》ったらしい。
「開発するのに通産省がお金を出すのはいいでしょう……」と言って、
「それをなぜ文部省が買わなければいけないのか」と言うのである。
「通産省が、うちのポケットを掻《か》き回すようなことは、絶対受け入れない」
と一蹴《いっしゅう》された。

昌之は、この頑迷古老《がんめいころう》な文部官僚《かんりょう》の答えに腹の底から怒りを覚えた。
それじゃ国益はどうなるんだ。
もしこのとき文部省が真摯《しんし》に、CAROLの評価をして……、
小中高に導入していたら、日本のコンピュータリテラシー（情報やコンピュータを扱う
能力）は、急速に進歩していたかもしれない。
昌之は、それを考えると自分の力不足を思い……、
それこそ慚愧《ざんき》の念に駆《か》られるのである。
これは20年以上も前の話で、通産省と文部省との縦割り弊害《へいがい》の例であるが、それ以上

に業者が大変な迷惑を被《こうむ》っているのは、通産省と郵政省（現在・総務省）との間を右往左往させられることであった。バッチシステムが動いていた時代は既《すで》に過去の話で、「情報と通信の融合《ゆうごう》」が当たり前の時代になったにも拘《かかわ》らず、依然《いぜん》として情報関係は通産省の所《しょ》管《かん》、通信関係は郵政省の所管というわけで、オンラインネットワーク回りのソフトウェアを開発する業者は、「股裂《またさ》き」状態となる事態が続出したのである。

役人以上に役人的な橋本首相

いまから15年前（１９９５）11月のことであるが、ＩＴ市場の目が米国ネバダ州ラスベガスに注がれた。世界最大のコンピュータ専門ショウ〝Ｃｏｍｄｅｘ〟が開催され、全世界から2千社を超す企業が出展したのであるが、注目を集めたのはその基調講演であった。ウインドウズ95で市場を独占するマイクロソフトのビル・ゲイツ会長、瀕死《ひんし》のＩＢＭを再生させたルイス・ガースナー会長、それにネットウェアで市場1位のノベル社からロバート・フランケンバーグ会長の3人が壇上《だんじょう》に立った。

初日のガースナー会長は、「パソコンを核とするクライアント・サーバー・システムは万能ではない」という挑戦的な言葉で口火を切った。「一つの段階を支配した企業が、必ずしも次の段階でリーダーになるとは限らない。彼等にとって重要なのは現状維持だからだ」と続けたのだから聴衆はびっくりした。ウインテル（ウインドウズとインテル）を目の前にして、IBM自身の失敗を引っ張り出して挑戦状を叩きつけたのだ。

二日目に立ったビル・ゲイツは、現状維持を否定もせずに、インターネットによるグローバルなネットワークを提唱した。そして、「ゴールドラッシュみたいなもの」と繰《く》り返し、マイクロソフトの次期戦略がインターネットにあることを喧伝《けんでん》した。

三日目のフランケンバーグ会長は、ネットワーク市場の具体的な姿を「家庭の端末《たんまつ》からグローバル・ネットワークにアクセスする時代がくる」と表現し、「ネットワークがコンピューティングの心であり、魂《たましい》となった」と述べた。さらに、「2000年までに、全世界で5億人の人が使うようになる」と断言した。つまり、IT市場はネットワーク時代に突入し、インターネットを見ずにビジネスは成り立たないことがはっきりしたのである。

世界がインターネットを中心に動きだしているとき、日本は官僚が主導権を握《にぎ》って、しかも縦割り行政に終始して縄張《なわば》り争いをしていた。昌之はこの事態をよしとせず、政治家に働き掛けることにした。ときの首相は橋本龍太郎《はしもとりゅうたろう》であった。橋本は慶応の同期で、会う機会もあり、それなら直言《ちょくげん》してみようと思った。ある日……、

「今日はちょっと真面目な話なんだが……」と切り出した。

「恐いね、なんですか？」と橋本は警戒《けいかい》した。

「グローバル・ネットワークのことなんだけど……」

昌之は、情報通信の重要性と世界市場の動きをざっと説明した。すると……、

「難しい話はだめですよ」と答えた。

「省庁再編の話が進んでますよね、情報通信省を作ってもらいたいんですが……」

と単刀直入《たんとうちょくにゅう》に切り込んだ。すると橋本は……、

「減らそうとしているんですよ、新設なんかとてもとても……」と、

昌之の話なんか聞く耳を持たなかった。

昌之はこのとき、橋本首相の受け答えは役人以上に役人だと思った。同時に、情報通信というものの重要性についてまったく理解していないことが分かった。これじゃ日本は世界からとり残される、と考えると背筋《せすじ》が寒くなった。

一方で、通産省の役人の中には、昌之と同じ考えを持つ人もいた。当時、通産省の電子政策課に、強烈な個性を持つピカピカの女性キャリアがいた。縦割り行政を痛烈に批判し、なぜか昌之と意気投合した。音楽が趣味だと聞いて、昌之は彼女を銀座のピアノバーへ案内したのだが、少しお酒が入って音楽の話になると、彼女は気難しいキャリアの顔から一変して一人のピアニストとなった。昌之は……、

「私も音楽は大好きですから、何か弾いてくださいさい」と言うと、
「バッハですけどいいですか」と言う。
「えッ……、いいですとも、お願いします」と驚いて答えた。
「それでは……」と言って立ち上がり、ピアノの前に座ると……、

バッハの平均律クラビア曲を弾き始めた。彼女は、あの難解な〝平均律クラビア曲〟を、いとも簡単に数曲弾いて見せた。昌之は、驚いたというより頼りになる人だと感じた。だんだん分かってきたのだが、仕事に対する彼女の能力はほれぼれするほどで、役所の中でも有名な存在だった。そして、なんと愛称は「パトリオットちゃん」だというから二度びっくりした。

ピアノバーでバッハを弾く女性キャリア

パトリオットと聞いて「湾岸戦争」と答える人は、多分いま30代後半か40代の人だろう。湾岸戦争（1991年）のとき、イラク軍が発射するスカッドミサイルを撃墜《げきつい》したことで一躍有名になった迎撃《ゆうげき》ミサイルだが、実はこの戦争で初めて実戦使用されたのだという。ところで、なぜキャリアの彼女が「パトリオットちゃん」と言われたか、大体想像が付きませんか。郵政省（現・総務省）が打ち上げる情報関連法案を打ち落とす通産省の担当官だったのである。

省庁間の戦いの中で、一方でパトリオットといわれ、他方ではバッハの平均律クラビア曲を弾くとはなんと魅力的なキャリア女性であろうか。ところが、昌之の知るかぎり、通産省の役人の中には人格、熟思ともにほれぼれする人が綺羅星《きらぼし》のごとくいた。この人たちが、省益を越えて国益のために力を発揮したら、日本のビジネスは世界でもっと早く花開き、〝Ｃｏｍｄｅｘ〟の基調講演でメインスピーカーを務める企業人が出ていたかもしれない。今更ながらそう思った。

SAPビジネスを手懸けた理由

日本でなぜパッケージソフトが流行《はや》らないのか。手作りでは採算が合わないのは明らかである。それなら、世界的に標準とされているソフトを取り込んで、日本で応用できるパッケージを作ればよい。パッケージでソフトを作ることが将来に向けての道だと昌之は考えた。その手始めに、NED時代から開発部隊が作成した医療《いりょう》の臨床《りんしょう》検査関係とか特許《とっきょ》情報関係のパッケージは、現在でも発売されており優《すぐ》れた商品である。

昌之がこのように考えるようになったのには理由がある。ロータス社を訪問する少し前のことだが、NEDはNECのオフコンを販売していて、オフコンソフトはすべて手作りの一品料理だから採算に合わない。たまたま、NECのオフコン部隊が「アプリカ」というパッケージを持っていたので、昌之は「アプリカ」を採用して販売したらどうかと提案した。いちいちソフトを作らずに出来合《できあ》いの「アプリカ」でクライアントを説得すれば採算も合う。この販売システムを大企業向けにも応用できないか、大企業になればなるほど手作りソフトでは採算が合わない。そこでパッケージソフトの導入《どうにゅう》利用を考え付いたのである。これがパッケージビジネスの出発点であった。

そんな思いを描いていたころ、ドイツからSAPという会社が日本に上陸してきた。東京・目白のフォーシーズンズで、SAPシステムの説明会が開催され、昌之も参加した。目から鱗《うろこ》とはこのことで……、

「これだ、これこそ大企業に向けたパッケージソフトだ」と昌之は飛び付いた。

SAPジャパンに連絡し、「SAPを導入したい」と申し入れた。

世間はこれを聞いて……、

「NEDがSAPというお化けに手を出した」と半《なか》ばあきれ顔で話題にした。

しかし、NEDがSAPジャパンとの提携《ていけい》第一号会社となったことは確かである。

NEDの社内でも当初は、

「SAPは重くて使い勝手が悪い」と反対が多かった。しかし昌之は、

「ＳＡＰは世界での市場占有率70％というアプリケーションだ。ＮＥＤはマーケットシェアの高いものを導入する」と宣言し、ＳＡＰの導入に踏み切った。

導入にはそれ相当の投資費用がかかったが、経理、営業、人事、などなどすべてＮＥＤで導入し、消化してから商品としてユーザーに紹介した。

「社内で試験的に採用して、成功したものを販売する」

これが昌之の基本的な考え方であり方針であった。

平成6年（1994）、ＳＡＰジャパン社と協業《きょうぎょう》という形でＥＲＰ（Ｒ／3）事業を立ち上げ、平成8年にはロータスノーツ用業務パッケージ「マイキャビ」シリーズの販売を開始、パッケージビジネスが本格的にスタートした。当初不評《ふひょう》だったＳＡＰであるが、昌之のビジネスセンスと人脈で、三菱商事への売込が成功し、ＮＥＤの面目は保たれた。

米国三菱の社長を長く務めたハーバード大出身の槙原《まきはら》氏が三菱商事の本社社長に就任した際、米国三菱で導入していたＳＡＰを日本で採用すると話した。昌之は、ＩＢＭに雁字《がんじ》搦《がら》めとなっていた三菱が、ＳＡＰを導入してこの状況を打破したことを聞いていた。三菱商事社長の交替を機会に、これをビジネスに結びつけたのである。これまで松尾の影に隠れていた昌之は、少年の頃から培《つち》われたパイオニア精神とリーダーシップを発揮《はっき》し、つぎつぎと成功を収《おさ》めたのである。

こういった一連の大変革は、次にくる社名変更、株式市場への上場というさらなる変革の前触《まえぶ》れであった。

業界発展の決め手は人材育成

「重宝《ちょうほう》」という言葉がある。大切と便利が同居している言葉で、松尾にとって昌之はまさにこの「重宝」がぴったりの人間だった。経理部長として任命し、北海道の交際費を監察させ、獅子身中《しししんちゅう》の虫を退治《たいじ》させた。労働組合との折衝《せっしょう》は昌之ならではの手際《てぎわ》だったし、ソフトウェア産業振興協会《さんぎょうしんこうきょうかい》という業界団体に乗り込ませて、NEDの存在を世に示した。外交は松尾にとって最も苦手な部分であったが、昌之がそこのところを補《おぎな》って余りあった。

松尾は、能力があると見れば、重箱《じゅうばこ》を重ねるように次から次と任務を追加した。それが松尾のやり方で、昌之も経理部長だけでのうのうと暮《く》らせると思っていなかった。

案の定、第二営業部長をやれという命令が下った。第一営業部はNECからの案件を扱い、第二営業部はNEC以外のクライアントをサポートした。NEC以外の案件は何でもかんでもということで、つまり〝便利屋〟ということだ。

そして早速その〝便利屋〟に仕事が廻《まわ》ってきた。NEDが、当時の北海道千歳《ちとせ》市の米田《よねだ》市長からラブコールを受け、先端技術の専門学校を千歳に開校してほしいというものだった。昌之は覚悟《かくご》を決めた。「一から十まで俺がやる」という覚悟である。

まず、学校法人の認可《にんか》を取得《しゅとく》するための書類作成を始めなければならない。一言に学校設立といっても、簡単《かんたん》なことではない。その趣旨《しゅし》、経営陣《じん》、利用する土地、物、環境整備、電算設備、教師、講師、教務、人事、生徒募集《ぼしゅう》、収支《しゅうし》予算、工事着工から竣工《しゅんこう》までの日程、道庁からの助成などなど総括《そうかつ》すべき項目は数十に及んだ。

「一から十まで」というのはなかなか難しいもので、道庁との交渉になると相手は役人だからおいそれと事は運ばない。電算機の導入については、松尾の注文もある。最新鋭の機種を設置せよという。そうなれば値段の交渉も楽ではない。その間に庶務《しょむ》事項が目白《めじろ》押し、というわけで難産であったが「電子開発学園（現・北海道電子計算機専門学校）」を創立《そうりつ》に持ち込んだ。その後、大学は札幌《さっぽろ》に移し、福岡、新潟、名古屋、大阪に専門学校を設立した。

学園の仕事で一番苦労したのは、何といっても銀行との交渉であった。北海道ではなんとか学校法人の認可を取ることができたが、福岡、名古屋、新潟では認可が得られなかった。ということは塾と同じ扱いで、個人経営という形だった。となると、困ったことが起こる。銀行からの融資だ。

松尾は、最新のコンピュータを置かなければ、最新の知識を教えることができないという。他の学校を見ると、使われているコンピュータは旧式のもので、それじゃいい人材は育たないというのである。松尾は……、

「最新のマシンで教育しろ」といい、

「日本電気と契約してきたぞ、1台6千万円だ」と言った。昌之は、

「えッ……、お金はどうするんですか」と思わず聞いた。

「ボケたことを言うな、お前が調達《ちょうたつ》してくるんだ」と勝手に命令した。

昌之は頭を抱《かか》えてしまった。学校法人でもないのに、融資なんか申し入れても……、しかも4台で2億4千万円だ、おいそれと貸してくれるわけがない。しかし、銀行に行かざるをえないから、メインバンクの住友に駆《か》け込んだ。住友は思ったとおり北海道以外

はダメだといった。そして……、

「住友は浮利《ふり》を負《お》わず」と冷たい返事だった。

「NECがバックなんですが……」と恐る恐る言うと、

「法人格のないところにお金は貸せません」と断られた。

このまま社に戻って報告すれば、親父にこっ酷《ぴど》くやられるのは目に見えている。

昌之は暗い気持ちになって、とぼとぼ歩きながら、通り過ぎる人たちの姿を……、

「いいなあ……」という思いで見つめていた。

とそのとき、昌之の目に三菱銀行の看板が入った。当時、NEDは東京のど真ん中、麹《こうじ》町《まち》に本社があり、メインバンクの住友銀行から帰る途中に三菱銀行があった。それまで銀行は住友と決めていたから、三菱はまったくの他人だと思っていた。その住友に断られて、ふと三菱銀行の前で立ち止まった。

「そうだ、俺は三菱の人間だったんだ」と呟《つぶや》いた。

そう思った瞬間、昌之は銀行のドアを押して中に入っていった。1億8千万円貸してくれという話を、アポもなしでやろうというのだから、考えてみれば無謀《むぼう》というより正気《しょうき》の沙汰《さた》ではない。昌之はその日の情景をはっきりと覚えていた。はじめに対応してくれたのは支店次長の椚沢《くるみざわ》という人だった。

「何でしょうか」と、怪訝《けげん》な顔をした。

「実は……、融資のお願いなんですが……」

「どなたの紹介ですか?」

「いえ、飛込みです……、私は以前、三菱商事に勤めていたことがありまして……」

というと、支店次長はちょっと警戒を緩《ゆる》めて……、

「どうぞ」と、中に入れてくれた。

「実は……、コンピュータを購入する資金として、1億8千万円必要なんです」

という説明が終わると、その支店次長は昌之の目の前で、いきなり電話を取り、

「いま、当行に……、おたくの主計部にいたという岡田さんという方が来て……」

と、三菱商事の財務部を相手に、昌之の身元確認が始まった。

電話を受けたのは、昌之をよく知っている人だった。

「その男は、ギュウちゃんと呼ばれていて、有名でしたよ。信用できます」と答えてくれたらしい。ちょっと席を立って……、宮川支店長を連れてきた。

「どうしたんですか？」

「これこれしかじかで、住友銀行がどうしても貸してくれないんです」と昌之。

「そうですか、住友が貸さないんだったら……、よろしい、当行が貸します」と即決《そっけつ》したのには驚いた。


当時は、銀行に支店長裁量《さいりょう》という暗黙《あんもく》の権限が存在していて、1億、2億のお金なら支店長の権限で貸し出しができた時代であった。現在のように、あの書類この書類と並べ立てて融資を決めるというシステムが確立していなかったから、人間を見て判断するという支店長裁量があったのも頷《うなづ》ける。

兎《と》にも角《かく》にも、「ギュウちゃん」という渾名《あだな》が昌之を救ってくれた。とりあえずということで、5千万円の融資を取り付けて、凱旋《がいせん》将軍のような気持ちで社に戻ったのは20年以上も前のことである。その結果を、松尾は特に誉《ほめ》めてもくれなかったが、おそらく感謝していたに違いない。「昌之でなければできなかった」と心の中で思っていただろう。松尾とはそういう人だった。

教育者としての松尾三郎

考えてみれば、松尾三郎という人がいつから教育者を志《こころざ》すようになったか、以下にその道筋《みちすじ》を記《しる》してみよう。実は、松尾は旧姓徳平《とくひら》といい、兵庫県の貧しい農家の三男として生まれた。姫路高校ではトップの成績だったが、とても大学に行かせるだけのお金がないので、仙台の教育者・松尾家の婿養子《むこようし》となった。

松尾家は代々教育者の家系だったから、三郎にも当然教育者としての道を歩《あゆ》ませようとしたが、三郎は技術者としての道を選んで京都大学の工学部電気工学科に進んだ。卒業後は逓信《ていしん》省に入り、さらに戦時には短期現役として海軍少佐、戦争が終結して海軍から応召解除《おうしゅうかいじょ》となると、昭和22年には逓信省に勤務しながら京都大学の工学部講師を勤めた。これが松尾の教育者としての第一歩である。

教育者松尾家の一人として、どんな感慨《かんがい》であったろうか。いまは聞く術《すべ》もないが、その後の松尾の人生を見てみると、常に人を育てることを使命と考えていたように思われる。だから、京都大学の講師を辞めてからも、時間を空《あ》けずに武蔵工業大学の教授となっている。しかも、東京タワーの取締役という重要な地位と平行して教鞭《きょうべん》をとったのであるから、教育者松尾家という意識が十分芽生えていたと考えるのだがどうだろう。

さすがに、北海道で電子開発学園を開校するときには、自《みずか》ら教鞭をとることはなかったが、理事長として学園の理念を堅持《けんじ》したのである。

しかし、家庭にいるときは妻・英《えい》が主導権を持ち、英は息子を溺愛《できあい》した。

そして英は息子に日頃から……、

「あなたのお父さんは入《い》り婿《むこ》なのだから、この家で一番偉《えら》いのはあなたよ」

と明言《めいげん》して揮《はばか》らなかった。

学園の設立で、昌之は大きな役割を果たした。それを最も承知していたのは松尾である。だから、松尾は昌之に心から感謝して、「自分にもしものことがあったら、経営権のすべてを昌之に譲《ゆず》る」と認《したた》めた。しかし、これがのちのち大きな問題となってしまった。

平成9年（1997年）に松尾は84歳で大往生《だいおうじょう》するが、亡くなるその日まで、NEDでは取締役会長、学園は理事長、学園に付属するソフト会社SCCでは代表取締役会長というわけで、会社経営のことは一日たりとも忘れることはなかった。NEDだけは、亡くなる3年前に、昌之を社長としたが、昌之は松尾の執念《しゅうねん》みたいなものを知っていたから、毎週水曜日には入院している病室を訪れて会社の報告をした。

松尾の病状が悪化して、弱みが見えてくると、学園では松尾に敵対的なグループが明白《あからさま》に反旗《はんき》を翻《ひるがえ》して、松尾の信奉者《しんぽうしゃ》と目《もく》されるものの追い出しにかかった。しかし、このときの昌之の判断はまことに冷静なものであった。

「学園経営には強烈な教育理念、哲学が必要で、それを持ち得るのは松尾だけだ。私の情熱など松尾には到底《とうてい》及ばない」と考えた。

その上で、「学園の経営権は長男泰《やすし》に譲《ゆず》ろう」と腹を決めた。

最終章

記憶は生きている

台湾はいま、日本家屋の復元を進めている

この本を書いているうちに、昌之は台湾で暮らした少年時代のことが次から次に思い出されて、記憶というものは生きものだと気がついて驚《おど》いた。同時に、記憶の信憑性《しんぴょうせい》についても確かめておこうという気になった。そこで、当時の遊び仲間だったものを誘《さそ》って台北を訪れることにした。

昌之が住んでいたところは、幸町《さいわいちょう》8条通りと呼ばれていたが、いまは臨沂《リンイー》街10巷《こう》という町名に変わっていた。記憶を頼りに昌之の家を探すと、なんと大きな屋根が記憶のとおりどかんと目に入った。しかし、どうも辺《あた》りの様子がおかしい。家の周りを囲むように植えてあった大きな樹木が一本も見えない。昌之が、飛来《ひらい》する敵戦闘機を見るために、木をつたって屋根に上った当時のことを思い出すと、確かに樹木がすべて伐採《ばっさい》されていた。家は補修《ほしゅう》され、改修《かいしゅう》されている。瓦《かわら》は吹《ふ》き替《か》えられていたが、昔のままの日本瓦が使わ

れていた。玄関のタイルも張り替えられてぴかぴかだった。塀《へい》には、小学生が思い思いに描いたのであろうか、きれいな絵が装飾のように並んでいた。玄関には「幸区民活動中心」という大きな看板が埋め込まれている。「幸区民活動中心」というのは、知的障害者《ちてきしょうがいしゃ》や身体障害者が集まって、教育を受けたり保護されている公共施設だった。

昌之の家は、日本へ引き上げると同時に台湾空軍に接収《せっしゅう》され、参謀《さんぼう》クラスの人が住んでいたらしい。その後、といってもごく最近、空軍から台北市に移管《いかん》されたという。市当局は、岡田家の家屋をなるべくそのまま残そうと、有効活用も考えて「幸区民活動中心」という障害者施設に衣替えしたのである。民間の家屋が公共施設として使われるケースはほとんどないということで、岡田家が残されたのはまことにうれしいことであった。当時日本人が住んでいた他の家は極《ご》く一部を残して潰《つぶ》されてしまっていた。

台湾は今、日本時代のものを見直そうという気運《きうん》が高まっており、日本時代のいろいろな資産を再生しようとする計画が進んでいると聞いた。具体的には、台北科学技術大学の建築科の教授が中心となって、壊《こわ》れかけている日本家屋を復元《ふくげん》し始めた。聞くところによると、一軒当たり5千万円相当の予算がついたというから驚くではないか。

歴史に翻弄《ほんろう》され続けた台湾が、なぜいま日本を評価し見直そうとしているのだろうか。日本が台湾を統治した50年間は、必ずしもいいことだけではなかったはずだ。

しかしいま台湾は、いいものはいいと評価して、色眼鏡を通さずに日本文化を見ているように思う。日本家屋が構造的に勝《すぐ》れていて、台湾に向いているとなれば、何揮《なにはばか》ることなく取り入れようという姿勢は、すばらしいと思う。

台湾は日本を評価するが、逆に日本はどうだろうか。台湾ほど日本を理解している国は他にないというのに、日本は台湾を意識しようともしない。これは国益《こくえき》的に考えて損失だと思うのだがいかがだろうか。

台湾には、好日族《ハオリー》という日本文化が好きで、日本贔屓《びいき》の人たちがいる。最近は、若者を中心にどんどん増えていて、彼らは特に日本のコミック文化を理解し評価しているのであるが、彼らの使っている言語は北京語だから、中国本土にも大いに影響を与えているようだ。

日本は中国に対しては、経済、産業面では大きな影響を与えたが、文化芸術、ソフトとなるとどうも的《まと》を射《い》ていないように思う。そこで、台湾の好日族《ハオリー》を介すことを考えるべきだと言いたい。台湾と日本の関係は、工場などのハード面のつながりでなく、ソフト面も濃密《のうみつ》なつながりを持つべきだと思う。なにはともあれ、日本は台湾に対して関心が薄く、軽視しているようだが、立ち止まって考え直してほしいものだ。
昌之は、台湾の視察を終えて日本に帰り、父・静雄の墓前に立ち、報告した。
「親父が建てた家は、いま台北市の公共施設として役に立っているんだ」と。

目標を持つことで人は上達する

昌之は55年前に、日吉《ひよし》にある掘《ほ》っ立《た》て小屋のかまぼこ教室で、ピエール・フルニエの弾《ひ》くチャイコフスキーの「ロココの主題による変奏曲《へんそうきょく》」を聴《き》いた。その感動が忘れられずに、自《みずか》らがチェロを弾くようになったのだが、師走《しわす》のある日、音楽をこよなく愛する人たちと一緒に「もっと笑っていい友コンサート」という演奏会を開いて日頃の腕前を披露《ひろう》した。

会場は東京・荻窪駅から7分、体育館や図書館に囲まれた「衎芸館《かんげいかん》」で、主催者《しゅさいしゃ》によれば、「好きこそものの上手なれと云《い》いますが、私達もいつかは上手になりたいと思う高齢者が集まって、もっといい友アンサンブルをスタートさせたのです」という。

見るからに幸せそうな人たちの演奏を聴《き》いて、人生観が変わるほどの驚きを感じてほしいという演奏会は嘘《うそ》ではなかった。聴く人より、演奏する人の方が驚きを噛《か》み締《し》めたのではないだろうか。それは、観客が惜《お》しみない拍手《はくしゅ》を贈《おく》り、涙を流さんばかりに感動してくれたからである。昌之は4曲演奏した。

モーツァルトのピアノ4重奏、第1番の第1楽章
バッハのコラール、主よ人の望みの喜びを
シューベルトの即興曲《そっきょうきょく》第3番。
マスカーニのオペラ、〝カバレリアルスティカーナ〟より間奏曲アヴェマリア

中でも、シューベルトの即興曲についてはちょっとした前置きの話がある。もともとはピアノのための即興曲で、昌之の大好きな楽曲の一つなのであるが、それをチェロのために編曲したものである。昌之は、ウィーンを訪れると必ずドブリンガーという楽譜《がくふ》屋に立ち寄って、あれやこれや譜面《ふめん》を探すのであるが、今年も9月に行ったときふと目に入ったのがシューベルトの即興曲第3番だった。

昌之は……、

「オッ、これだ」と手に取ったが、発表会は12月である。

「間に合うか？」と自問自答して、「やるぞ」と決めた。

昌之は必死で2ヵ月間練習した。お世辞《せじ》にも間に合ったとは言えないが、昌之の演奏は力強く、そして何ものかを訴《うった》えた。涙を流すご夫人もおられた。昌之はチェロを弾くに当たっていつも、「目標を持つことで人は上達する」と考えていた。だから、先生について21年間、発表会が近付くと必死になって発表曲の練習に励《はげ》んだ。趣味《しゅみ》として淡々《たんたん》と弾いていたのでは、それなりに満足はするかもしれないが上達は望めないだろう。泥縄《どろなわ》と言われても、発表会に向けて練習するときは、趣味を越《こ》えてプロの気持ちでチェロを握《にぎ》っていたのである。

演奏会が終わってほっとした。かなり失敗もあったが、お客さまは暖かい拍手を贈ってくれた。昌之はつくづく、チェロを弾いていてよかったと思った。今は亡き妻の裕子から「あなたにはもったいない」と言われた名器のジョバンニ・グランチーノも大《おお》いに喜んでくれたと思う。聴きに来てくださった皆さんの拍手を聞いて、これ以上の幸せはないと昌之は思った。

人を育てること、それは先輩の義務《ぎむ》だ

昌之はときどき、「俺は義務を果たしているかな」と思う。それは、「人を育てる」ということなのだが、同時に「逸材《いつざい》を世に出す」ことでもある。実は、15年ほど前のことだが、一人の女性チェリストに惚《ほ》れ込《こ》んで、後援会《こうえんかい》というよりファンクラブを結成《けっせい》して世に出すことに成功した。そのチェリストの名は向山佳絵子《むこうやまかえこ》という。

昌之が向山佳絵子の演奏を初めて聴いたのは、向山が芸大在学時に1年休学してドイツのダヴィド・ゲリンガスの下《もと》に留学《りゅうがく》し、1年後に帰国したとき開催したデビューリサイタルであった。場所は東京・信濃町《しなのまち》の津田塾《つだじゅく》ホール。

その演奏を聴いて昌之は、感動するとともに、「すばらしい逸材《いつざい》が日本に現われた」と驚いた。昌之は居《い》ても立ってもいられず、楽屋を訪れると、そこにN響の首席《しゅせき》チェリスト徳永兼一郎《とくながけんいちろう》がいた。徳永さんも向山の演奏に惚れ込んだ一人で、意気投合《いきとうごう》した二人はファンクラブ結成の相談をした。トントン拍子《びょうし》で話がまとまり、名誉会長に徳永兼一郎、事務局は昌之、会長は前田利祐《まえだとしやす》にお願いした。みんなの目は確かなもので、ファンクラブの支《し》援《えん》もあって向山は見る見るうちに楽壇《がくだん》で頭角《とうかく》を表わし、押しも押されもせぬ女流チェリストの国内第一人者となった。

ここでもう一人のチェリスト、山上《やまがみ》ジョアン薫《かおり》の話をしなければならない。ケルンに住んでいるカナダ国籍の若い女性チェリストで、武蔵野《むさしの》文化会館と浜離宮《はまりきゅう》の朝日ホールで開催された彼女のコンサートを聴き、そのテクニックにすっかり魅了されてしまった。

その後、知人を介して面識を持つようになったのだが……、

昌之が「グランチーノ」の話をしたところ、

「弾いてみたい」ということになった。

グランチーノを手にした彼女は、その響きに魂を奪われてしまった。

聞けば、現在使っている楽器には限界を感じているという。彼女は一度弾いたグランチーノの音色《ねいろ》が忘れられず、ケルンに帰ってからも頭から離れないのだという。

これは昌之にも覚えのあることで、グランチーノを初めて弾かせてもらったときの感動がびんびんと頭に蘇《よみがえ》ってきて、いま彼女がどんな気持ちでいるか分かり過ぎるほど分かった。今度は、昌之が悩む番だ。相棒《あいぼう》のグランチーノを旅に出すか止《や》めるか、と迷っていたとき今回の演奏会「もっといい友アンサンブル」が開かれた。昌之はそこで、考えられないような大きな拍手を戴いた。

今回の演奏会が終わって……、昌之の気持ちは固まった、昌之とともに20数年間、昌之を支えてきたグランチーノ。グランチーノのない時間など考えられなかった。いま昌之は、若い音楽家を育てる生き甲斐について考えた。そして、グランチーノを旅に出そうと決めた。

グランチーノのすばらしい音色《ねいろ》を独《ひと》り占めせず、世界中の人々に聴いてもらいたいという気持ちになったのである。彼女がグランチーノをどのように弾き熟《こな》すか、それをドイツに行って聴いてみたい。昌之にまた一つ大きな楽しみができたと思えばいいではないか。

山上ジョアン薫《かおる》は、両親が日本人で3人姉妹の末っ子だ。母親はバイオリンの先生で、2歳からヴァイオリンを習い、3歳でチェロに転向。13歳のときにアメリカのペンシルバニア州フィラデルフィアにあるカーティス音楽院に入学。現在はケルンに住んで、ドイツの先生についている。

社長は10年、その間にやるべきことは……

日本電子開発（NED）という会社を受け継いだ昌之には、どうしてもやらなければならないことがあった。それは株式市場への上場《じょうじょう》である。しかも、限られた時間のなかで達《たっ》成《せい》しなければならないという縛《しば》りがあった。

昌之は、松尾三郎から社長の座を渡されたのは平成6年（1994）だったが、実は社長就任のとき……、

「10年社長をしたら、俺は退《しりぞ》くよ」と言った。

その間に為《な》さねばならぬことは色々《いろいろ》あったが、中でも重要な位置付けだったのが株式の上場で、どかんと目の前に横たわっていた。株式上場は事業家として、何も最後の仕上げというわけではなかったが……、

「上場して社会に求められる企業にならなくてはいけない」

と考えていたことは確かだ。NEDは規模的《きぼ》にも、事業内容からも上場の条件は揃《そろ》っていたし、当時の業界ではすでに上場企業が名を列《つら》ねていたのだから、その気になればいつでも上場は可能だったはずだ。ところが……、

松尾が上場反対だった。

松尾はすべて自分でやらなければ気がすまない性格で、上場すれば他人が入ってくるから嫌だと言った。自分がやりたいことをやれる環境づくりに邁進《まいしん》した。その一つが学園だった。学校法人は、文部省からの指導はあるが他人の手が入らない。理事長である己《おの》れの教育理念、学園理想を貫《つらぬ》くことができる。

経営に関して松尾には自主独立という持論があった。これに対して昌之は……、

「確かに自由度は高いが、ソフトウェアは、企業のインフラ、国のインフラでなければならない」

と考えていた。宇宙航空研究開発機構（JAXA）のロケット打ち上げシステム、通産省（当時）の貿易保険システム、JRのSUICAシステム、三菱商事の基幹《きかん》システムなど国や企業の重要なシステムをNEDはクライアントから直接受注した。

こういう重要な開発を担《にな》ったNEDだったから、昌之は「企業や国のインフラのような大きな案件は、一個人が経営するプライベートカンパニーが受注するには責任が重すぎる」と考えるのはごく自然だ。また、「最新の高度な技術力が要求され、そのためには教

育費としての資本力が必要になる」と思った。その上で、「企業や国に関わる大きな案件は、社会から認められ、監視《かんし》されている企業が受注すべきだ」と考えた。だから「ＮＥＤは株式を上場して社会に求められる企業にならなくてはいけない」という結論だったのである。この考えは、元をたどれば三菱商事時代の三綱領《こうりょう》に行き着くのである。つまり、昌之が若い頃に叩《たた》き込《こ》まれた……、

「企業は国のために働く」という価値観が息《いき》づいていた。

昌之が上場を考え始めた背景《はいけい》にはもう一つ、事業内容の多様化がある。受託《じゅたく》開発に限界を感じ、パッケージ開発、商品販売に目を向けたことである。自己満足の会社ではいけない、市場の評価に耐《た》えられる会社でなければいけないと考えた。そのために、ロータス社やＳＡＰ社とも提携《ていけい》し、パッケージビジネスにも踏《ふ》み切ったのである。しかし、新しい分野でビジネス展開《てんかい》するためには開発資金、教育資金を獲得《かくとく》しなければならない。上場して資金を集めやすくしておかなければならない。それが、これからのソフトウェア業界には欠かせないことだと考えていた。

株式上場には、国の施策《しさく》の入札《にゅうさつ》には上場企業が条件とされているという実利《じつり》面もあった

が、バックボーンには「ナショナルプロジェクトをプライベートカンパニーが行なうべからず」という昌之の企業理念、哲学《てつがく》があったのだ。

社長に就任《しゅうにん》して、昌之はNEDをパブリック企業として育てていくようにシフトした。言ってみれば、この時点から松尾の考えている企業理念と昌之のそれが分かれ始めたと言ってもいいだろう。それまでは、松尾と昌之は車の前輪と後輪という関係でNEDを引っ張ってきた。しかし、後輪の昌之は前輪の松尾と哲学が違っていることを認識していたし、松尾もそれを感じていた。

会長となった松尾は、生涯《しょうがい》の事業である教育に全力を傾注《けいちゅう》し、北海道情報大学の設立に全情熱を傾けて実現させた。NEDについては昌之に譲《ゆず》り、「お前の好きにやれ」と暗黙《あんもく》の了解《りょうかい》を与《あた》えた。昌之は、病気の松尾を見舞いながら事業状況を報告したが、松尾が嫌う株式上場のことには触《ふ》れなかった。計画があることを松尾はうすうす感付いていたが、「好きにやれ」という了解の姿勢は崩《くず》さなかった。昌之に対する信頼は松尾にとってある種の救いであったと思われる。

やがて昌之は、株式上場に着手した。

社名変更、そしてまた試練

上場するとなれば、動きは迅速《じんそく》、社内に株式上場準備室を設《もう》け、コンサルタントを入れ、上場に向けた社内体制の強化を進めた。やらなければいけないことが実に多いものだと思った。過去からの不良債権《ふりょうさいけん》を俎上《そじょう》にのせ、それを特別損失《とくべつそんしつ》として洗い流すとか、資本の第三者割当で出資者を増やすことになった。これで、NECだけだった株主に三菱商事、JR東日本、HPなどが加わることとなった。HPなどは、日本の会社に出資することは禁じられていたのだが、当時のフィオリーナ社長から例外的に出資を認めるとの通知がきた。

最も画期的だったのは社名の変更であった。平成13年（2001）末までに上場することを目標にしていたので、社名変更は平成13年（2001）1月と決めた。そして、新しい社名を「キーウェアソリューションズ株式会社」とした。これは、日本電子開発ではどうしてもハード系の企業に見られてしまうという弊害《へいがい》を解消するためだった。しかも、ソフトウェア会社であり、コンサルタント会社であることを印象付けるために「ソリューション」を加えた。日本で、ソリューションを社名に入れたのはこれが第1号だった。

「キーウェア」は、昌之が考えた造語であるが、電通《でんつう》に依頼して同じ名前がないかどうか調べたが「ない」とのことなので使うことにした。さらに昌之を喜ばせたメッセージがHP本社のフィオリーナ社長から届いた。

「キーウェアというのはいい名前だ。実は我が社の汎用《はんよう》語にしようと考えていた言葉だ。インターネットの時代においては、セキュリティ問題が重要になってくるが、その安全性を守るキーワードとして〝キーウェア〟を用いようと考えていたのだが、御社が先取りして固有名詞にしてしまった」と、たいそう誉《ほ》められたのである。

上場準備室の努力が実って、平成13年（2001）11月に東証2部上場が決定したのであるが……。

昌之の足下《あしもと》がまたもや大きく崩《くず》れ落ちた。9・11テロ事件が発生した。株式市場は直撃を受け、上場しても「初値がつかない」と主幹事証券会社から上場延期を促《うなが》され、止《や》むなく延期を決定した。2001年という年は、昌之にとってまさに悪夢の年だった。その年、8月2日に最愛の妻・裕子が亡くなったのである。意気消沈《いきしょうちん》していた昌之を上場延期が追い打ちした。さすがに昌之は我が運命を呪った。

一度延期すれば、もう一度3年間の審査を受けなければならない。すでに不都合を取り除いて身綺麗《みぎれい》になったキーウェアソリューションズであるから、3年後の平成16年(2004)、上場は文句なく達成できた。しかし、昌之は上場の数ヵ月前に社長を退き、会長職に就《つ》いていた。社長就任のときに宣言した「10年間で退く」という言葉どおりに身を処したのである。会長になって間もなく、国から「情報サービス産業界の発展に尽くした」とのことで藍綬褒章《らんじゅほうしょう》を授《さず》かった。ホテルニューオオタニで、経済産業省から褒章《ほうしょう》を手渡され、その後授章者《じゅしょう》はバスに乗り込んで皇居《こうきょ》に向かい、天皇陛下《てんのうへいか》からお言葉をいただいたのである。

ある日、昌之に後輩が尋《たず》ねた。

「なぜ10年で社長を辞《や》めると言ったのですか?」と。すると昌之は……、

「そうだなあ……」としばらく考えてから、

「チェロが弾《ひ》きたかったからだ」と答えた。

「褒章をいただいて、嬉《うれ》しいと感じたことは何ですか?」と聞くと、
今度は真顔《まがお》になって……、

「功績《こうせき》の一つに……、プロジェクトマネージメントという概念《がいねん》を業界に導入《どうにゅう》し、プログラム開発に必要な費用の支出に備《そな》えるため〝プログラム準備金制度〟を創出《そうしゅつ》したと書いてあった。これが認められたことだね」と微笑《ほほえ》んだ。

しかし、授章の日のことはこれで終わらなかった。


「授章に招待《しょうたい》されたのは夫婦なんだよ、俺の女房は平成13年に亡くなっちゃったから代理《だいり》に長女を連れていったんだ」という。ところが……、

「娘は妻ではないというんだ。それで……、皇居《こうきょ》の中に入れてくれない、仕方ないからバスに残して俺だけ入ったんだよ」という。言ってから昌之は、小さい声で……、

「裕子が生きていれば、どんなに喜んでくれただろう……、それが悔《くや》しい」と言った。


それ以上何も聞かなかった。

廻る浮き世に逆らわず

会長になってからの話だが、昌之が飲み屋でわいわいやっていると、まったく見も知らぬ人から……、「あんたの顔は面白いね、向こうから眺《なが》めていて、こんなの書いたんだがどうかね」といって色紙を渡された。そこには、数行の戯言《ざれごと》が書いであったので、2万円取り出して渡そうとすると……、「そういうことじゃない」といって行ってしまった。改めて読んでみると、その中に「廻る浮き世に逆らわず」という一行があった。

昌之は、この一行がやたらと気になった。どこかで聞いたような気もするが……、と思いながらも、「俺はこういう風《ふう》に見えるんだろうな」と納得もした。昌之の人生観に通じるところもあるし、ビジネス哲学でもある。社員のリストラのときも、それは時代の要請《ようせい》でもあり流れに逆らわなかった結果ではないか。

自分を殺して流れに身を任《まか》せる。昌之の人生はそのようにも見える。
しかし、決して流れに身を任せることが楽《らく》だからではない。
激流の舟下りは危険《きけん》と隣《とな》り合わせの冒険《ぼうけん》でもある。
流れに乗るためには技術と決断が必要で、一歩間違えば転覆《てんぷく》だ。
昌之の人生は、舟で激流の中を進むようにも見えた。
「廻る浮き世に逆らわず」とは、言うは易《やす》く行なうは難《かた》しの処世術《しょせいじゅつ》であろう。

あとがき

昨年6月、キーウェアソリユージョンズ㈱の相談役から退《しりぞ》き、一つの区切りが付いた感じがする。私はこれまで、何か書き残そうと思って記録を取ってきたわけではないので、あるものはすべて記憶の中である。とすれば、加齢《かれい》とともに記憶が薄れるかもしれないので、残して置きたいことがあるなら少しでも早くと考えてペンを取った。

人生の構成要素を振り返って見ると、どうしても「台湾、チェロ、ＩＴ」になってしまうのだが、自分の原点を育《はぐく》んでくれたものは、一貫《いっかん》して両親であり、しかも日常の何気ない生活態度であり、決して取り立てて意識していたものではないことに気が付くのだ。このように、文字で表現して見ると、今更ながら両親の有り難たさを痛感してしまう。翻《ひるがえ》って、自分自身を考えてみると、既《すで》に二人の娘と三人の孫を持つ身となったが、子孫に対して充分な役割を果たしてきたかどうか大いに反省を求められる処《ところ》でもある。

さて、本文でも述べたが、台湾国鉄のＩＴ商戦で米国製パッケージに完敗した経験、ポストンのロータス社で女性副社長の口から出た日本マーケットの不可解さ、これらを受けとめるに当たって、彼我《ひが》の標準化に対する精神構造の違いを大きく感じるようになった。まったくの私見《しけん》であり飛躍《ひやく》しているかもしれないが、キリスト教に完全に裏付けされた西欧文化の中で、その標準化の最たるものは音楽の楽譜だと思う。

多分、グレゴリアン・チャント（聖歌）の時代から楽譜は国境を越え、キリスト教布教の最大のツールとしてヨーロッパ文化を統一したのであろう。楽譜を読めば、南のスペインから北のイギリスに至るまで、文化芸術の壁がなくなるという15世紀の風景を我々日本人は実感できない。こうして考えてみると、標準化という思想から最も遠い処にいるのが我が民族と言っても過言《かごん》ではないように感じるのである。

日本の文化芸術といえば、本文でもちょっと触れたが、室町時代から脈々として続く家《いえ》元《もと》制度が、この高度文明の時代にあっても厳然と存在していることを無視してはいけないと思う。功罪《こうざい》ということを考えれば、功は伝統文化を「一子相伝《いっしそうでん》」という原則の下《もと》で守ってきたことだが、罪の部分も見逃せまい。

最先端をいくIT分野のみならず、あらゆる産業分野、学問、医療において家元制度的精神構造が根強く蔓延《はびこ》っているのである。所謂《いわゆる》縦割り制度の根幹《こんかん》はここにあると言わざるを得ない。個々の「家元」の枠内《わくない》に於《お》いては、世界に冠《かん》たる優れた物作り技術を豊富に持っていながら、枠を越えて鳥瞰《ちょうかん》する視点を持ち合わせていないが故《ゆえ》の悲劇がここにあると思う。半導体業界において、なぜ日韓、日台の逆転が起こったか、彼等のパワーはどこから生まれたのだろうか。遅きに失した感はあるが、振り返って見直さなければなるまい。

特にIT産業においては、ハードウェア、ソフトウェア、通信を別々の産業と見るものも多く、そのために、国益を守るために設置された国の機構同士で縄張り争いすることが頻繁《ひんぱん》であった。私は、1990年代における国際会議などに出席して、各国の官僚と話し合う機会があったが、いずれも「情報省」の役職者であった。ところが、我が国はといえば、二つも三つもの省庁が代表を出してきて其々《それぞれ》の見解を述べている。これでは国際競争に勝てないと感じたものである。

当時、そのようなことを感じて、「呆《あき》れたものだ」などと言おうものなら、どんなしっぺ返しがきたか知れたものではない。省庁間の争いについては、見て見ぬ振りをするというのが業界の常識だった。つまり、省庁間の縄張り争いに言及することはタブーだったのである。一方それぞれの業界は、省庁が持っている予算を狙《ねら》って争奪戦を繰り広げ、国益より省庁益を優先する官僚に擦《す》り寄った。

家元制度的精神構造が齎《もたら》すスピード感の欠如《けつじょ》が、半導体分野のみならず他の分野にも顕《けん》在《ざい》している現状を憂《うれ》うが、浅学非才《せんがくひさい》の輩《やから》には解決策は見出《みいだ》せない。わずかに、最近取り沙《ざ》汰《た》された「事業仕分け」「透明性の尊重」「説明責任の重視」といった新しい視点に、一《ひと》筋《すじ》の光明を感じる。聞くところによると、鳩山新政権において、「情報通信文化省」が議題に上っているという。これを機会に、縦割りの弊害《へいがい》を除去《じょきょ》し、標準化の重要性を理解できる民族に転換するのではないだろうか。一脈の可能性を信じて、後は子孫に期待するより他に手はない。私の心情を理解していただけるであろうか。

尚、本書の出版に当たって、一方《ひとかた》ならぬ力添《ちからぞ》えを頂いた田口正人君、越海辰夫君には言葉で言い表わせぬ程の感謝で一杯である。両君なければ、私の思いをこれほどまで語ることはできなかったであろう。また、表紙と挿し絵は、東北芸術工科大学を卒業した新進気鋭の林知美さんに描いていただいた。有難う。

平成22年2月24日　浜田山・チェロの部屋で

岡田昌之

著者紹介

岡田 昌之（おかだ まさゆき）

略　歴

生年月日：昭和11年（1936）2月24日

学　　歴：昭和35年（1960）　慶応義塾大学経済学部　卒業

略　　歴：昭和35年（1960）　三菱商事株式会社

昭和43年（1968）　日本電子開発株式会社　経理部長

（平成13年　現キーウエアソリュージョンズ株式会社と社名変更）

昭和49年（1974）　北海道ビジネスオートメーション株式会社　非常勤取締役

昭和50年（1975）　株式会社電子開発学園（現株式会社エス・シー・シー）取締役

昭和56年（1981）　学校法人電子開発学園九州　理事

平成04年（1992）　日本電子開発株式会社　取締役副社長

平成05年（1993）　同社　代表取締役社長

平成09年（1997）　㈳情報サービス産業協会（JISA）　常任理事

平成10年（1998）　同協会　取引委員会委員長

平成11年（1999）　㈶国際情報化協力センター　理事

㈶コンピュータ教育開発センター　理事

㈶ソフトウェア情報センター　理事

㈶無人宇宙実験システム研究開発機構　理事

㈳情報サービス産業協会（JISA）副会長

㈶データベース振興センター　評議員

平成12年（2000）株式会社情報技術コンソーシアム　顧問会会長

情報産業三田会　会長

平成13年（2001）　㈶国際アイティー財団　評議員

平成15年（2003）　キーウエアソリュージョンズ株式会社　代表取締役会長

賞　　罰：平成05年（1993）　通商産業大臣賞授賞　（情報化促進貢献）

平成16年（2004）　藍綬褒章授章

プロフィール

慶大卒業後、三菱商事に入社して9年間、商社主計で活躍。岳父・松尾三郎の会社、日本電子開発（後にキーウェアソリューションズ）に入社してIT業界へ。その後、教育分野に進出し、電子開発学園を立ち上げ、九州、新潟、大阪、名古屋の各地に展開。IT業界においては、システム開発の標準化を提唱し、プロジェクトマネージメントの概念を導入して業界の刷新を図った。終始一貫して官民の間に立ち、国益のために働いた。実業家でありながら、音楽に傾倒し、自らはチェロを弾き、人材を育てて世に送り出している姿を知る人は少ない。

台湾　チェロ　IT

2010年2月24日　初版第一刷発行

著　　者　岡田昌之

発 行 者　原　雅久
発 行 所　株式会社朝日出版社
101-0065 東京都千代田区西神田 3-3-5
電話（03）3263-3321（代表）

編　　集　田口正人（株式会社日本データ・センター）
表紙・挿画　林　知美
デザイン　越海辰夫（越海編集デザイン）
印　　刷　錦明印刷株式会社

ISBN978-4-255-00517-1 C0095